Müller / Scheuer / Herzig

FREI ZUM LEBEN

Wunibald Müller / Manfred Scheuer / Anneliese Herzig

FREI ZUM LEBEN

Die Weißheit der evangelischen Räte

echter

Die Deutsche Bibliothek – CIP-Einheitsaufnahme

Müller, Wunibald; Scheuer, Manfred; Herzig, Anneliese:
Frei zum Leben : Die Weisheit der evangelischen Räte /
Wunibald Müller; Manfred Scheuer; Anneliese Herzig. –
Würzburg : Echter, 1996
ISBN 3-429-01802-1

Umschlag: Ernst Loew (Foto: Werner Stuhler)
Gesamtherstellung: Friedrich Pustet, Regensburg
ISBN 3-429-01802-1

Inhalt

Vorwort

Von den evangelischen Räten spricht man erst im Mittelalter. Bei Benedikt geloben die Mönche in der Profeß Gehorsam, Ausharren in der Gemeinschaft und klösterlichen Lebenswandel. Erst bei Franziskus tauchen die drei Gelübde der Armut, der Keuschheit und des Gehorsams auf. Das Mittelalter – allen voran Thomas von Aquin – hat dann eine eigene Lehre der evangelischen Räte entfaltet. Der Rat Jesu wird dem Gesetz gegenübergestellt. Während das Gesetz für alle gilt, trifft der Rat nur auf die zu, die ihn freiwillig befolgen, weil sie sich davon angesprochen fühlen. Die evangelischen Räte gelten bis in die Neuzeit hinein nur für Ordensleute. Das II. Vatikanische Konzil hat diese Engführung aufgebrochen und versteht die evangelischen Räte als Weisungen für alle Christen. Seither haben zahlreiche Theologen versucht, die evangelischen Räte als Schlüssel zu einer christlicher Lebenskultur zu beschreiben.

Paul Zulehner sieht in den evangelischen Räten eine Antwort auf die menschlichen Sehnsüchte und Wünsche nach Ansehen, Macht und Besitz. Diese Wünsche haben nach ihm alle die Tendenz zur Maßlosigkeit. Damit das menschliche Leben gelingt, bedürfen diese Basiswünsche der Kultur. Die evangelischen Räte beschreiben die christliche Lebenskultur, die so mit den Grundwünschen des Menschen umgeht, daß sie seinem tiefsten Wesen entsprechen. Sie sind »innere Momente eines jeglichen christlichen Glaubens, Bausteine einer Lebenskultur aus dem Evangelium« (Lex Spir 354). »Jungfräulichkeit bedeutet dann das verläßliche Wissen darum, daß unser Herz ›aus ist‹ (vgl. Ps 42; 63) nach jenem lebendigen Gott, der selbst Sehnsucht nach uns hat (Weish 11,24); Gehorsam ist Hinhorchen auf jenen Gott, der uns Leben gönnt und uns, damit wir dieses Leben bestehen, teilhaben läßt an seiner schöpferischen Macht und Freiheit, ... Armut schließlich lebt dann davon, daß Gott selbst unser Reichtum ist und wir an seinen Lebensquellen ›sitzen‹, ja ihn selbst ›besitzen‹.« (Lex Spir 354) Zulehner sieht in den evangelichen Räten aber nicht nur Bausteine christlicher Lebenskultur, sondern zugleich einen Ansporn zu politischem Handeln, zum Dienst an den Armen und Unterdrückten und zur Zuwendung zu denen, die in unserer Gesellschaft kein Ansehen haben.

Der Würzburger Moraltheologe Fraling sieht in den evangelischen Räten eine Antwort auf die Grundängste des Menschen, den Gehorsam als Antwort auf die Angst vor der Fremdbestimmung, die Armut als Antwort auf die Angst vor dem Verhungern und die Ehelosigkeit als Antwort auf die Angst vor der Haltlosigkeit des Lebens. Schon 1947 hatte der Psychoanalytiker Schultz-Hencke die evangelischen Räte als Grundvollzüge des Menschen beschrieben, als eine gesunde und lebensnotwendige Weise, mit seinen Trieben umzugehen. Für Schultz-Hencke haben die drei Grundtriebe des Menschen, das Besitzstreben, das Geltungsstreben und das Sexualstreben alle in sich die Tendenz, daß sie den Menschen total in Beschlag nehmen möchten, so daß er sein Herz an sie verliert »zum Schaden seiner Mitmenschen, aber mehr noch zum Schaden seiner selbst« (Schultz-Hencke 40).

All diese psychologischen und theologischen Modelle verstehen die evangelischen Räte als Wegweiser zu einem gelingenden Leben. Es geht in ihnen nicht um einen beliebigen Rat, den ich befolgen kann oder auch nicht, sondern um eine Bedingung, wie ich meinem Wesen entsprechend leben kann. In diesem Sinn verstehen auch die drei Autoren dieses Buches die evangelischen Räte. Sie sehen in ihnen wesentliche Haltungen des Menschseins und Christseins verwirklicht. Dabei beschreibt jeder Autor bzw. jede Autorin von ihrer persönlichen Erfahrung her, was für sie Armut, Keuschheit und Gehorsam bedeuten. Mir ist beim Lesen dieser Beiträge wieder neu aufgegangen, wieviel Weisheit in diesen drei Räten steckt. Es ist wohl nicht zufällig, daß die Theologie des Mittelalters sich gerade auf diese drei Räte beschränkt hat. Es gibt in der Bibel ja noch viele andere Ratschläge Jesu. Aber offensichtlich steckt schon in der Dreizahl etwas Arche-typisches. Es sind ja auch im Märchen immer drei Königssöhne, die ausziehen, um das Lebenswasser zu finden oder die Prinzessin zu befreien oder um den Vater zu heilen. Die griechische Philosophie teilt den Menschen in drei Bereiche ein, in den begehrlichen, den emotionalen und den geistigen Bereich. Das Enneagramm kennt den Bauchtyp, den Herztyp und den Kopftyp. Die Volksfrömmigkeit hat aus den Magiern, die aus dem Morgenland kamen, um das göttliche Kind anzubeten, drei Könige gemacht. Drei ist nicht nur die Zahl des dreifaltigen Gottes, sondern auch des dreigestaltigen Menschen.

Die drei evangelischen Räte antworten auf die drei Grundtriebe, Grundängste, Basiswünsche und Ursehnsüchte des Menschen und beschreiben so einen Weg, wie unser Leben gelingen kann. In den Beiträgen dieses Buches wird deutlich, daß die evangelischen Räte jedem Christen, ja jedem Menschen guten Willens gelten. In ihnen kommen Grundhaltungen zum Ausdruck, die wir gerade heute so nötig brauchen, da der Mensch sein Maß verloren hat und die Welt durch die Maßlosigkeit des Menschen aus den Fugen zu geraten droht. So ist es ein höchst aktuelles Buch, auch wenn es sich scheinbar traditionellen Themen zuwendet. Alle drei Autoren sehen in den evangelischen Räten nicht nur einen Weg für den einzelnen Menschen, einen Weg menschlicher Selbstwerdung, sondern auch einen Weg für die Gesellschaft als ganze. Die evangelischen Räte haben eine politische Dimension. Sie wollen den Menschen in die Verantwortung für die Gesellschaft und für die Schöpfung stellen. Das Miteinander verlangt die Haltung von Armut, Keuschheit und Gehorsam. Armut verweist den Menschen auf die Solidarität untereinander. Nur wenn wir bereit sind, unser Leben miteinander zu teilen, können wir auf Dauer in Frieden leben. Der Gehorsam meint ein Horchen aufeinander, ein Einander-Gehören, ein gemeinsames Hinhören auf Gottes Willen, auf das, was für unsere Welt heute notwendig ist. Und Keuschheit bezieht sich nicht nur auf die eigene Klarheit und Durchlässigkeit, sondern gerade auch auf den keuschen Umgang miteinander, auf die Ehrfurcht und Achtung voreinander. Keuschheit als »Gespür für das Richtige« hat immer schon eine politische Dimension.

So wünsche ich diesem Buch viele Leserinnen und Leser, die sich von der Weisheit der evangelischen Räte anregen lassen zu einer christlichen Lebenskultur, die ihnen Lust am Leben schenkt, und die in ihnen einen Weg menschlicher Selbstwerdung entdecken und zugleich eine Maxime politischen Handelns erkennen, die die Welt als ganze heute braucht, um überleben zu können. Die Autoren dieses Buches möchten ihnen keine letzten Antworten geben. Sie haben mit ihrer persönlichen Sichtweise neue Aspekte an den evangelischen Räten aufgezeigt, um jeden Leser herauszufordern, mit neuen Augen auf die alten Begriffe von Armut, Keuschheit und Gehorsam zu schauen, um sie vom Staub der Zeit zu befreien und in ihnen die höchst aktuelle Weisheit Jesu für unsere Zeit zu erkennen.

Anselm Grün

WUNIBALD MÜLLER

Keuschheit als Ja zur Sexualität

»... ich kuschel und ich wuschel«

Exstasis - so heißt die Disco im Herzen von San Antonio auf Ibiza. Discos, Bars, Sex – irgendwie, so wird einem vermittelt, gehört das zu Ibiza. Ein Film über Mallorca, der gerade in RTL gesendet wird, hat den Titel »Mallorca – Sonne, Sex und schräge Typen«. Statement eines deutschen Prolos – laut »Süddeutsche Zeitung«: »Toll hier, geile Discos, geile Weiber«. Ein Plakat in Eularia, einem anderen Touristenzentrum auf der Insel Ibiza, kündigt für den Abend »Topless Striptease« in der Disco 64 an. Viele Frauen, die mit den anderen Gästen unseres Ferienhotels sich am Strand von der Sonne braten lassen, haben das Oberteil ihres Bikinis abgelegt. Zwischen den Partnern der Paare, die sich hier eingefunden haben – das ist nicht zu übersehen – knistert es. Blicke, Berührungen, Küsse lassen darauf schließen. Die ewig strahlende Sonne, die Wärme und vor allem die Schwüle des Abends tragen das ihre dazu bei.
Und ich sitze da und denke über Keuschheit nach. Die, so meine Gedanken, paßt nun wirklich nicht hierher. Allein das Wort, so scheint es, hat hier keinen Ort, paßt nicht in dieses Ambiente, wirkt wie ein Fremdwort.
Doch ist es wirklich ein Fremdwort? Paßt es wirklich nicht in die Landschaft, hat es nicht mit den Menschen hier zu tun, hat es ihnen nichts zu sagen?
Nun – Sexualität ist nicht nur Sex. Die vollbusige Frau, die von dem Plakat her auf mich schaut und mich zum Besuch der Disco einlädt, die »geilen Discos und die geilen Weiber« sind nicht gleichzusetzen mit den Paaren, zwischen denen es knistert, die sich aneinander schmiegen, miteinander kuscheln, sich zärtlich berühren. Ich denke an ein Lied von Reinhard Mey, in dem er so schön schreibt, wie er seine Frau verführt:

Meine Frau ist schön
und weil ich sie gewaltig mag
verführe ich sie schon mal
am hellichten Tag.
Ich lock sie auf das Kanapee
und flüster' und tuschel

ich rischel und ich raschel
und ich kuschel und ich wuschel

Sofort fällt mir ein befreundetes Ehepaar ein, bei dem ich es regelrecht riechen konnte, daß sich da etwas für die Nacht anbahnte, soviel Erotik stob zwischen den beiden hin und her. Sehr dezent, doch voll von sinnlicher Spannung. Da bedurfte es nur noch eines Funkens, um das Feuerwerk zu entflammen.
Jetzt, so spüre ich, bin ich nicht mehr so weit weg von der Keuschheit, mitunter sogar ganz nahe daran. Ich glaube nahe daran zu sein, weil Sexualität hier alle meine Sinne anspricht, hier etwas mich als ganzen Menschen Ansprechendes anwesend ist, die Sexualität in den Augen, im Gesichtsausdruck, im Schlagen des Herzens nicht weniger zum Ausdruck kommt als im sexuellen Verlangen, in sexuellen Phantasien oder im sexuellen Vollzug. Und wenn das nichts mit Keuschheit zu tun hat! Mir fallen die Worte von Bernhard Häring (1989, 30f) ein: In der Ehe ist die zärtliche gegenseitige Ganzhingabe Kern und Stern ehelicher Keuschheit und nicht etwa das Sich-Enthalten von ehelicher Zärtlichkeit und Ganzhingabe.

Ist die Keuschheit unrettbar ins Lächerliche abgeglitten?

Angesichts einseitiger, entstellter und zum Teil falscher Vorstellungen von Keuschheit, die sich in der Erfahrungswelt vieler Männer und Frauen niedergeschlagen haben, ist es nicht einfach, der Keuschheit eine echte Chance zu geben, neu, anders, ja als die, die sie wirklich ist beziehungsweise sein kann, gesehen zu werden (vgl. Müller 1990).
Eugen Drewermann (1989, 708f.) stellt fest, daß die Keuschheit »unrettbar ins Lächerliche, Abartige und Perverse abgeglitten« ist. Keuschheit steht, so meint er, vielfach für die Fortschreibung pubertärer Angst vor dem Körper eines Jungen oder eines Mädchen. Sie stellt ein Nein zu einem Verständnis von Sexualität als Spaß, als Spiel, als Freude dar. In ihrem Namen werden die besten Kräfte im Menschen unterdrückt. Das beste, so folgert er, wird daher sein, die Worte »unkeusch« und »keusch« in Zukunft überhaupt »zu meiden und statt dessen, wenn man ›unkeusch‹ meint zu sagen: verletzend, roh, rücksichtslos, machohaft«. Umgekehrt müßte man »keusch« mit Redewendungen ersetzen wie »so sensibel, daß es die Seele ruft, so zärtlich wie der Hauch des Windes über dem Gras ...« (722).
Mit diesem Verständnis von Keuschheit wird eine mögliche Richtung eingeschlagen, das Wort Keuschheit wieder mit neuem Sinngehalt zu füllen. Ich will im folgenden assoziativ von verschiedenen Seiten her

und vorwiegend auf dem Hintergrund von Beobachtungen und Erfahrungen einige Aspekte hervorheben, die meiner Ansicht nach geeignet sind, zu verdeutlichen, daß Keuschheit und eine keusche Haltung durchaus in unsere Zeit paßt, mitunter sogar hochaktuell ist. Und ich will in all dem versuchen aufzuzeigen, daß Keuschheit und eine keusche Haltung im letzten als ein klares Ja zur Sexualität zu verstehen ist.

Keuschheit im Horizont von lebendig sein und ganz werden

Unter Keuschheit verstehe ich dabei zunächst einmal die Tugend, der es darum geht, der Sexualität den ihr im Leben eines Christen zukommenden Platz einzuräumen (vgl. Goergen 1979, 116). Durch eine keusche Haltung gegenüber mir als ganzem Menschen, einschließlich meiner Sexualität, soll die Sexualität so in mein Leben als Mensch und Christ integriert werden, daß sie einen positiven Beitrag leistet bei meinem Bemühen, lebendig zu sein und ganz zu werden. Das gilt gleichermaßen für den Menschen, der in einer – auch sexuellen – Beziehung lebt, wie für den zölibatär Lebenden, wenngleich der entsprechende Lebensstil unterschiedliche Ausprägungen keuschen Lebens mit sich bringt.

In diesem Zusammenhang gilt es zu unterscheiden zwischen einem Verständnis von Keuschheit als Tugend und als Gelübde oder Versprechen. Das Gelübde der Keuschheit wird in der Regel als Entscheidung für ein eheloses Leben verstanden, einschließlich des Verzichtes auf gelebte genitale Sexualität. Das hat zuweilen dazu geführt, daß der Begriff Keuschheit allgemein mit sexueller Abstinenz gleichgesetzt wird, ein Verständnis von Keuschheit, das nach wie vor weit verbreitet ist. Die Tugend der Keuschheit aber, bei der es vorwiegend um eine entsprechende Einstellung gegenüber des Sexualität und sexuellem Verhalten geht, gilt im Unterschied zum Gelübde der Keuschheit gleichermaßen für Verheiratete und Zölibatäre. Das heißt, Keuschheit und Zölibat sind nicht gleichzusetzen.

In den folgenden Ausführungen geht es zunächst um ein weitergehendes Verständnis von Keuschheit im Sinne der Tugend der Keuschheit, wenngleich auch immer wieder das engere Verständnis von Keuschheit im Sinne von sexueller Enthaltsamkeit mit hereinspielen kann.

Wenn ich zunächst allgemein mit »keusch leben« meine, lebendig zu sein und ganz zu werden, dann soll das heißen: den normalen Entfaltungsprozeß im Leben einfach so zuzulassen, daß er sich möglichst unbehindert entwickeln kann. Das Ziel dieses Entfaltungsprozesses ist zum einen in uns angelegt. Insoweit »genügt« es, diesen Prozeß einfach zuzulassen, ihn nicht zu behindern, sich ihm einfach anzuvertrauen. Zum anderen ist dieses Ziel hin zur Ganzheit auch von »außen« vorgegeben. Es ist etwas, auf das wir uns *hin*bewegen, das zu erreichen mitunter schwer und mit Mühen verbunden ist.

Das Ziel, ganz zu werden, ist eingebettet in das Ziel, lebendig zu sein beziehungsweise lebendig zu werden. Ganz zu werden ist nicht um den Preis zu erlangen, dabei weniger lebendig zu werden. Im Gegenteil! Lebendigkeit ist vielmehr mit ein Ziel im Entfaltungsprozeß *hin* zur Ganzheit. Ob die Lebendigkeit anwesend oder abwesend ist, sagt sehr viel darüber aus, ob wir uns auf dem Weg zur Ganzheit befinden oder nicht. Der Weg zum Ganz-Sein ist damit in einer gewissen Weise abgesichert gegenüber Entwicklungen, die entweder zu sehr vom Boden abheben oder aber den Boden erst gar nicht verlassen.

Keuschheit beginnt mit der Annahme der Sexualität

Keusch sein als eine Haltung gegenüber der Sexualität und einem sexuellen Verhalten, das zur Lebendigkeit und Ganzheit des Menschen beiträgt, meint dann weiter, den selbstverständlichen Platz, der der Sexualität im Leben eines Menschen zukommt, zuzulassen. Das heißt, die Wirklichkeit der Sexualität zur Kenntnis zu nehmen und ihr den ihr gemäßen Platz im Leben eines Menschen einzuräumen, und zwar so, daß die Sexualität ihren Beitrag zur Verwirklichung des jeweiligen Lebens leisten kann. Die Wirklichkeit der Sexualität überhaupt erst einmal ernst zu nehmen, zuzulassen und schließlich anzunehmen, ist Ausdruck einer keuschen Haltung. »Keuschheit beginnt mit sexueller Annahme. Eine Person, die sich unwohl fühlt mit ihrer Sexualität, ist nicht keusch« (Goergen 1975, 119).

Ein solches Verständnis von Keuschheit läßt Keuschheit in einem neuen Licht erscheinen. Es ist aber ein Verständnis von Keuschheit, das im Grunde genommen gar nicht so neu ist, sondern dem eigentlichen Sinn von Keuschheit immer schon entsprochen hat. So weist bereits ein Handbuch der katholischen Sittenlehre aus den 30er Jahren (vgl. Tillmann 1950, 106) darauf hin, daß schwache Sinnlichkeit nicht mit Keuschheit gleichzusetzen ist und starke Sinnlichkeit nicht ein unüberwindliches Hindernis echter Keuschheit darstellt. Weiter heißt es dort, daß die richtige Keuschheit »eine natürliche und unbefangene Haltung« will, welche gleich weit von Unbeherrschtheit und Zügellosigkeit wie von übersteigerter Ängstlichkeit und verkrampfter Prüderie entfernt ist. Entscheidend für die spätere Haltung des Menschen wird sein, »daß er von früh an lernt, in einer gesunden

Natürlichkeit seinem Körper und seinen Organen gegenüberzustehen … Die reine Luft unbefangener Natürlichkeit wird die dumpfe Stickluft der Ängstlichkeit und der Prüderie fernhalten, in der der heranwachsende Mensch verkümmern muß und verbogen wird. Wo diese Gefahr in der Erziehung nicht gesehen und vermieden wird, entstehen jene unglücklichen Typen, welche überall Sünde wittern und schließlich keine Frau mehr ansehen können, ohne in Versuchung und seelische Not zu geraten« (107).

Keusche und unkeusche Versuche, die Sexualität zu integrieren

Es gibt ganz unterschiedliche Versuche, die Sexualität zu integrieren. Die einen sind dabei von einer keuschen Einstellung gegenüber der Sexualität geprägt. Anderen Versuchen wieder liegt eher eine unkeusche Haltung gegenüber der Sexualität zugrunde. Sie haben mitunter ein Verständnis von Sexualität, das es als notwendig erscheinen läßt, die Sexualität in einer Weise zu stutzen und zu bremsen, die ihrer eigentlichen Bedeutung nicht gerecht wird. Das kann dann auch dazu führen, daß solche Versuche den Entfaltungsprozeß eines Menschen eher blockieren beziehungsweise ihn künstlich in eine Richtung bewegen, die dem, worum es von der Anlage des Menschen her geht, nicht mehr gerecht wird.
Recht eigenartig mutet zum Beispiel ein von Aldous Huxley, favorisierter »Weg zu einer gebändigten Sexualität« an (Leonhardt, 1994, 40). Da er empfängnisverhütende Mittel ablehnt, plädiert er für »die Verhaltensweise der ›Karezza‹: inniges Ineinandersein, auch zärtliche Bewegungen, die jedoch nicht zum Orgasmus führen sollten. Der männliche Partner mußte sich also rechtzeitig enthalten, ›Kontingenz‹ üben«. Die Männer, die das in einer von John Humphrey Noyes gegründeten Oneida-Gemeinde im Norden des Staates New York praktizierten, sahen, so Aldous Huxley, »ihre Selbstverleugnung durch eine physische und spirituelle Erfahrung belohnt, die tiefer und kostbarer war als die der zügellosen Sexualität« (40).
Rollo May, Psychoanalytiker und Philosoph, hat einmal gesagt, daß das Verschmelzen von Mann und Frau im sexuellen Zusammensein und nicht die Erfahrung des Orgasmus, den eigentlichen Höhepunkt darstelle. Durch die körperliche Verschmelzung werde eine nicht überbietbare körperliche Nähe und Innigkeit geschaffen. Diese Überlegungen erinnern an die Ausführungen von Aldous Huxley, wenngleich Rollo May sicher nicht seine Position übernehmen würde. Rollo May geht es darum, den Begegnungscharakter in der Sexualität hervorzuheben. Er will angesichts der Banalisierung von

Sexualität und Sex ein Gespür für die Großartigkeit und Einmaligkeit dieser Begegnung wecken. Sie soll nicht durch die einseitige Konzentration auf die Erfahrung des Orgasmus in den Hintergrund treten. Das aber ist eine andere Sichtweise als die von Huxley, der die Erfahrung des Orgasmus ganz streichen und lediglich das Eindringen und Empfangen, das Ineinandersein gelten lassen will. Während ich in dem, was Rollo May meint, eine keusche Haltung sehe, kann ich das bei den Vorstellungen von Aldous Huxley nicht ausmachen.
Bei Rollo May spüre ich eine Sichtweise, die uneingeschränkt ja sagt zur Sexualität und der es darum geht, einer Entwertung der Sexualität entgegenzuwirken. Das ist für mich eine Haltung und Einstellung gegenüber der Sexualität, die ich als keusch bezeichne, weil dahinter ein großer Respekt vor der Sexualität zum Ausdruck kommt. Die Sexualität wird in ihrer Würde und Großartigkeit erkannt und entsprechend geschätzt. Bei Aldous Huxley wird dagegen die Sexualität auf etwas reduziert, das ihr nicht gerecht wird. Sie wird ausgedörrt, ihrer Macht, ihrer Kraft, ihres Saftes beraubt. Sie wird verstümmelt und gebremst. Ja, sie wird entheiligt. Dahinter spüre ich eine unkeusche Einstellung gegenüber der Sexualität. Es ist eine Haltung, die Integration der Sexualität mit Domestizierung der Sexualität verwechselt. Es ist weiter eine Haltung, die der Sexualität Fesseln anlegt, weil sie ihr gegenüber mißtrauisch ist und sie nicht voll bejaht.

Die »Erweiterung« der Sexualität

Rollo May (1969) geht bei seinem Versuch, die Sexualität zu integrieren einen anderen Weg. Er verweist auf Sigmund Freud, der die Sexualität zunächst als einen Trieb verstand. Wir wissen heute aber, so Rollo May weiter, daß sexuelle Liebe sich vom Trieb über das Bedürfnis hin zum Wunsch und schließlich zur Sehnsucht entwickeln kann. Als ein Trieb ist Sexualität grundsätzlich betrachtet *biologisch*, hat sie den Charakter eines Zwanges. Als Bedürfnis ist die Sexualität *physiologisch* ausgerichtet. Als Wunsch beziehungsweise als Sehnsucht wird die Sexualität auf die *psychische* Ebene gehoben. Hier handelt es sich nach Rollo May um eine Art menschliche Evolution. Durch diesen Prozeß bleibt die Sexualität nicht mehr nur auf der »grundlegend *animalischen* Ebene« (Mahr, o. J.), sie wird auf die *menschliche* Ebene gebracht. Sie steht nicht mehr »nur« im Dienst der Fortpflanzung, im Dienst des Überlebens der Rasse. Sie tritt in den Dienst der Wünsche und Sehnsüchte des Menschen.
Ohne der Sexualität eine entscheidende Sinnspitze nehmen zu wollen, die in der durch sie ermöglichten Fortpflanzung liegt, wird

dadurch die Sexualität aus dem »nur« Triebhaften herausgeholt. Es geschieht genau das, was nach Ansicht von Albrecht Mahr »alle Hochreligionen bis in unsere heutigen Tage« vernachlässigen, indem sie »der Sexualität nur eben dieses animalisch-primitive Betätigungsfeld zugestehen und alle differenzierten, schließlich auch geistlichen Äußerungsformen als schädlich für die Spiritualität« ansehen. Dabei geschieht durch eine solche »Erweiterung« der Sexualität eine Personalisierung der Sexualität. Die Sexualität steht jetzt nicht mehr nur unter dem Zwang der Fortpflanzung, als Pflichterfüllung für das biologische Überleben der Menschheit. Sie kann jetzt zum freigesprochenen und in freier Entscheidung vollzogenen Ja zum Leben werden.

Dabei kann und muß es nicht darum gehen, die Sexualität von der Zeugung zu trennen. Es geht vielmehr darum, auch diesen Zusammenhang bewußter zu machen. Nach Sam Kien (1986, 83) sind die Freuden der Potenz größer als die des Spieles. Für viele Leute, so Sam Kien, war das schönste sexuelle Erlebnis »jener Moment, in welchem man bereit war, ein gemeinsames Kind zu zeugen«.

Hinter solchen Vorstellungen spüre ich eine keusche Haltung gegenüber der Sexualität. Die Sexualität wird erweitert. Sie trägt mit dazu bei, daß die Person mit Hilfe der Sexualität noch mehr Erlebnisweisen erfahren kann, sie im wahrsten Sinne des Wortes »weiter« wird. Die Sexualität hat bei einem solchen Verständnis noch mehr mit der ganzen Person zu tun, wird nicht reduziert auf irgendeinen Bereich, ohne daß ihr dabei das ihr auch zukommende »Animalische«, das heißt das Urkräftige und Lustvolle genommen wird.

Keuschheit ist kein Zustand, sondern ein Prozeß

Wenn von Integration der Sexualität im Zusammenhang mit Keuschheit die Rede ist, dann eignen sich dafür die Begriffe *»formen«* und *»gestalten«*. Sie werden am ehesten dem gerecht, worum es dabei geht. Dabei mag man durchaus geneigt sein, lieber von *Verunstaltung*, *Deformierung* oder *Verdrängung* zu sprechen, läßt man sich von dem bestimmen, was tatsächlich oder angenommenerweise im Namen der Keuschheit angerichtet worden ist.

Im Falle der Verunstaltung, Deformierung und Verdrängung der Sexualität werden wesentliche, oft unkorrigierbare und unverantwortliche Einschnitte im Leben eines Menschen vorgenommen. Diese tragen nicht zu seiner Verwirklichung bei. Sie machen den Menschen vielmehr zu einem Torso, indem einfach etwas totgeschwiegen, abgeschnitten, roh und brutal zurechtgestutzt wird. Eine

keusche Haltung gegenüber der Sexualität und ihrer Integrierung in das Leben hat dagegen zum Ziel, durch einen mitunter langandauernden Prozeß die der Sexualität eigene Bereicherung für das gesamte Leben eines Menschen zur Entfaltung zu bringen.
Die Formung und Gestaltung der Sexualität sind dabei prozeßhaft angelegt. Sie unterliegen einem ständigen Bemühen, erfordern Zeit. Das Bemühen darum ist immer wieder auch Störungen und Rückfällen ausgesetzt.
Die Tugend der Keuschheit wird uns also nicht geschenkt. Sie wird vielmehr durch ständiges Bemühen mit der Zeit erworben. Das gilt auch für jene, die ein Gelübde der Keuschheit in einer feierlichen Form ablegen (vgl. Goergen 1979, 118). Damit erwerben sie aber nicht mit einem Mal die Tugend der Keuschheit. Als Tugend ist die Keuschheit nicht ein Zustand, den man annimmt und dann behält, sondern sie ist eine lebenslange Aufgabe, die man sich zu erfüllen vorgenommen hat.

Sexualität als Ausdruck der Personmitte

Worin besteht die Formung und Gestaltung der Sexualität? Es ist nach meiner Einschätzung zuallererst eine Formung nach innen, zur Mitte des Menschen hin beziehungsweise von der Mitte des Menschen her. Es ist eine Gestaltung der Sexualität, die die Sexualität in einen ganz engen Zusammenhang mit meiner Personmitte stellen will, so, daß in ihr Wesentliches von mir zum Ausdruck kommt. In der Sexualität und durch sie soll ich mich genuin ausdrücken können. Das heißt, die Sexualität soll nicht nur ein Anhängsel von mir sein oder etwas, das losgelöst von mir ein eigenes Leben führt. Sie soll wirklich ein Teil von mir sein, sie soll von mir belebt und gelebt werden.
In Situationen, in denen meine genitale Sexualität sich von meiner Person losgemacht zu haben scheint, um getrennt von mir ein Eigenleben zu führen oder in einer ungesunden Fixierung auf das rein Sexuelle oder in einem unpersönlichen Ausleben der rein genitalen sexuellen Seite sich Ausdruck verschafft, kann eine keusche Haltung mich daran erinnern, daß meine Sexualität ein Teil von mir ist, die es so in den Dienst meiner Person zu stellen gilt, daß sie zu meinem ganzheitlichen Wachstum beiträgt. Die Sexualität soll ja nicht nur die Oberfläche von mir berühren, sondern mit mir als ganzem Menschen etwas zu tun haben. Sie soll dann auch in der sexuellen Begegnung nicht nur die Oberfläche der sich Begegnenden berühren, sondern auch da den ganzen Menschen. Die Sexualität so in das ganze Leben

einzubetten, daß sie zu dessen Vertiefung und Bereicherung beiträgt und es nicht zusätzlich anderer Erfahrungen, Erlebnisse, Kontakte bedarf, die das, was sich an übriggebliebener Sexualität angestaut hat, verarbeiten oder kanalisieren, kann ein mühevoller Prozeß sein.
Keuschheit kann hier heißen, die Sexualität für den ganzen Menschen fruchtbar zu machen. Die in der Sexualität steckenden Möglichkeiten für das Ganzsein als Person und Mensch zu nutzen. Das kann auch heißen, dann, wenn die Sexualität dazu nicht beiträgt, das verhindert oder gar verunmöglicht, sie so auszurichten, gegebenenfalls auch zu korrigieren, daß sie ihren Beitrag für die ganze Person »leistet«.

Was kommt der Sexualität zu, was überfordert sie?

Oft werden Berührung und Sexualität gleichgesetzt. Das aber führt zu einer Verengung. Der Wunsch nach Berührung kann dann zum Wunsch nach Sexualität werden, denn nur dort, so scheint es, wird dieser Wunsch erfüllt. So gibt es Männer und Frauen, die den sexuellen Kontakt suchen, obwohl sie sich eigentlich nach Berührung sehnen und die mit ihr verbundene Sehnsucht nach Nähe, Angenommensein, Intimität und Liebe. Wenn die Erfüllung dieser Sehnsüchte durch die Tabuisierung der Berührung beeinträchtigt wird, kann die geschlechtliche Begegnung eine Bedeutung erhalten, die ihr nicht ausschließlich zukommt und für die sie nicht der erste und nicht unbedingt der beste Platz sein muß.
Geschieht das aber, kann es passieren, daß die Sexualität überfordert wird. Statt *eine* Form der Berührung zu sein, die in sich wieder viele Variationen aufweist, muß sie jetzt für die Erfahrung vieler unterschiedlicher Bedürfnisse, Wünsche und Sehnsüchte, die durch die Berührung möglich sind, herhalten. So kann Berührung Ausdruck von Nähe und Sorge sein. Sie vermittelt Nähe und Trost. Sie schenkt Wärme und Geborgenheit. Sie spendet Vergnügen und Lust. In einer ganzheitlichen sexuellen Begegnung kann ich all das auch erfahren, wenn ich zuvor mit diesem Menschen die vielen anderen Formen der Berührung erfahren habe. *Diese* können letztlich nicht durch die sexuelle Erfahrung ersetzt werden, auch dann nicht, wenn ich bis zum Nimmerleinstag immer wieder versuchen sollte, genau das über die sexuelle Begegnung zu erreichen.
Die Tugend der Keuschheit kann dazu beitragen, sensibel zu sein beziehungsweise sensibel zu werden gegenüber der Einzigartigkeit der Sexualität. Sie kann helfen, deutlicher herauszuspüren, wo die Sexualität wirklich ihren Platz hat. Wo sie das, was sie zu geben vermag, am besten schenken kann.

Die Erdung der Sexualität als Ausdruck von Keuschheit

Der Mensch ist nicht eine *sexuelle* Person, sondern eine sexuelle *Person.* Die Betonung liegt nicht auf dem sexuell, sondern auf der Person. Das heißt, die Sexualität stellt eine entscheidende Dimension im Leben eines Menschen dar, aber nicht *die* entscheidende. Eine solche Sichtweise unterscheidet sich von der Position Sigmund Freuds, die nahelegt, daß die Sexualität *die* entscheidende Dimension im Leben einer Person darstellt. Eine Position, die dagegen sagt, der Mensch ist eine sexuelle *Person,* aber nicht eine *sexuelle* Person, also die vorrangige Bedeutung der Person hervorhebt, würdigt die fundamentale Bedeutung der Sexualität, sieht in ihr aber lediglich eine, wenn auch zentrale, Dimension, neben anderen Dimensionen, die im Leben eines Menschen eine zentrale Bedeutung innehaben, wie dem Verlangen nach Sinn, Annahme, Intimität, Liebe und Spiritualität.

Auch Abraham Maslow (1970, 192) distanziert sich von der Vorstellung Freuds, die Liebe von der Sexualität ableitet oder Liebe und Sexualität gleichsetzt. Alfred Adler bestätigt das, wenn er sich dagegen ausspricht, das Bedürfnis nach Zuneigung von der Sexualität abzuleiten.

Abraham Maslow verweist auf die sich selbstverwirklichenden Personen, für die Sexualität im Dienst der Vertiefung von Intimität steht. Es handelt sich dabei um Menschen, für die die Sexualität mit dem ganzen Menschen zu tun hat. Es sind Menschen, bei denen die sexuelle Beziehung in der Regel nicht am Anfang einer Beziehung steht, sondern Ausdruck einer tiefen Beziehung ist. Für die Liebesbeziehung dieser Menschen ist ein Ineinandergehen von erotischer Liebe und Agape-Liebe kennzeichnend. Sie kennen beides: das Verlangen nach Intimität und Lust, das gemeinsam auftreten kann und sich vermischt (vgl. 186). Sie sind auch nicht auf Sex aus um des sexuellen Vergnügens willen. In vielen Fällen sind sie auch nicht bereit zu einem sexuellen Zusammensein, wenn nicht auch Gefühle und Liebe mit im Spiel sind, bis dahin, daß sie lieber auf Sexualität ganz verzichten, wenn die Gefühle fehlen. Auf der anderen Seite erfahren sie das sexuelle Vergnügen in einer besonders intensiven und ekstatischen Vollkommenheit. Das sexuelle Zusammensein kann bei ihnen als ein frohes und leichtherzig empfundenes, spielerisches Zusammensein erlebt werden. Es kann aber auch bei der entsprechenden Einstellung und Offenheit dazu zu einer ihr Selbst übersteigenden tiefen und mystischen Erfahrung werden.

Weiter meint Abraham Maslow (189), daß bei diesen Personen offensichtlich eine geringere Neigung zu sexuellen Beziehungen außerhalb ihrer Partnerschaft beziehungsweise Ehe besteht. Auf der anderen

Seite vermögen sie offener und freier als andere zuzugeben, daß sie auch von Frauen beziehungsweise Männern außerhalb ihrer festen Beziehung sich sexuell angezogen fühlen. Die Zurückhaltung bei außerpartnerschaftlichen Beziehungen will Abraham Maslow aber nicht als eine Vorliebe für die Keuschheit verstehen, wobei er unter Keuschheit offensichtlich sexuelle Enthaltsamkeit versteht. Auch sieht er dahinter keine ablehnende Haltung gegenüber der Sexualität. Vielmehr ist er davon überzeugt, daß je befriedigender die Liebes-Beziehung ist, desto weniger die Notwendigkeit für die verschiedensten Formen zwanghafter Sexaffären besteht.

Die Sexualität und die Erfahrung von Sexualität ist für die sich selbstverwirklichenden Personen weiter etwas Selbstverständliches, etwas, an dem sie sich freuen, das sie genießen. Es ist aber auch zugleich etwas, dem innerhalb des gesamten Lebens keine übergroße Bedeutung zugesprochen wird.

Die Ausgewogenheit gegenüber der Sexualität, die in diesen Aussagen zum Ausdruck kommt, hat für mich etwas mit Keuschheit zu tun. In einer gewissen Weise geschieht so etwas wie eine Entthronung der Sexualität. Das aber tut ihr letztlich gut, da sie nicht länger wie auf Stelzen »durchs Leben gehen muß«, das heißt sich auf einer Höhe halten muß, etwas vorgeben muß, das sie letztlich nicht einlösen kann. Sie kann sich auf das beschränken, was ihr zukommt, und das ist wahrlich viel. Dadurch aber wird sie auch mehr geerdet, kommt sie mehr mit der Wirklichkeit, mit dem Boden in Berührung. Und sie wird darin zu etwas Wirklicherem, zu etwas, das mit dem wirklichen Leben mehr zu tun hat. Mancher wird sagen, sie wird dadurch auch entzaubert. Aber auch das kann und wird ihr letztlich nur gut bekommen.

Liebe als Werbepackung

»Wir formen, bewußt oder unbewußt«, so Thomas Merton (1988), *»unsere Vorstellungen von Liebe nach den Mustern, denen wir Tag für Tag in der Werbung, im Kino, im Fernsehen und bei unserer Lektüre ausgesetzt sind … Man könnte sie als Werbepackungs-Auffassung von Liebe bezeichnen«* (37f.).

»Die Betrachtungsweise«, so fährt Thomas Merton fort, *»die das Werben von Liebe mit Geschäftstüchtigkeit und Liebe mit einer prächtigen Werbepackung gleichsetzt, beruht auf der Auffassung, Liebe sei ein Mechanismus ineinandergreifender instinktiver Bedürfnisse und wir seien biologische Maschinen, ausgestattet mit bestimmten Trieben, die auf Erfüllung drängen: Sind wir geschickt, können*

wir diese Triebe in uns selbst und in anderen ausbeuten und manipulieren« (39).

»Wenn dieser Prozeß, Geschäfte abzuschließen und Bedürfnisse zu befriedigen, sich beschleunigt, wird das Leben zu einem aufregenden Glücksspiel. Wir treffen immer mehr andere Spieler mit denselben Bedürfnissen. Wir werden alle auf einer Roulettscheibe bunt durcheinandergewürfelt und hoffen, auf einer Glückszahl zu landen. Und dies geschieht immer wieder. ›In Liebe fallen‹ ist nichts als ein drolliger Zufall, der eintritt, wenn Sie an einer anderen Person hängenbleiben, deren Bedürfnisse mehr oder weniger mit den Ihren übereinstimmen. Sie sind in der Lage, einander irgendwie zu erfüllen, einander zu ergänzen. Sie haben das Rennen gewonnen. Natürlich reicht die Trophäe nur für ein paar Jahre. Dann müssen Sie wieder ins Glückspiel einsteigen« (39).

Liebe ist für Thomas Merton hier eine Variation des freien Unternehmertums. *»Man kauft und man verkauft, und es in der Liebe zu etwas bringen heißt, mit dem, was man gerade zu bieten hat, einen guten Handel zu erzielen... Die Liebesbeziehung ist ein Handel, den man zur Befriedigung gegenseitiger Bedürfnisse abschließt ... Der Haken an dieser Art von kommerzialisierter Liebesvorstellung ist, daß sie die Aufmerksamkeit immer mehr von den wesentlichen Voraussetzungen für die Liebe auf das schmückende Beiwerk verlagert. Sie sind nicht mehr in der Lage, den anderen Menschen wirklich zu lieben, denn Sie sind zwanghaft mit der Wirksamkeit Ihrer eigenen Werbepackung beschäftigt, Ihres eigenen Produktes, Ihres eigenen Marktwertes.«*

»Von dem Augenblick an, in dem man sich der Liebe in Begriffen wie ›Bedürfnis‹ und ›Erfüllung‹ nähert, kann die Liebe nichts anderes mehr sein als ein Handel. Und noch schlimmer ist, daß wir, weil wir ständig dem Bombardement nach Sättigung unserer Sinne und unserer Phantasie ausgesetzt sind, das uns unerreichbar ideale Erfüllung vorgaukelt, gar nicht anders können, als unsere Einschätzung des Handels, den wir abgeschlossen haben, jeweils zu repetieren. Wir können gar nicht anders als noch einmal umkehren und mit jemand anderen einen ›besseren‹ Handel abschließen, der zufriedenstellender ist« (41 f.).

»Die Wirkung der Überstimulierung durch die Werbung und andere Medien hält uns auf dem höchstmöglichen Niveau von Unzufriedenheit mit der mittelmäßigen Erfüllung, die wir dann in Wirklichkeit finden, und mit dem Handel, den wir schließlich abschließen. Das steigert schmerzhaft unser Bedürfnis. Viele Leute halten ihr sexuelles Verlangen ständig in einem intensiven Reizzustand, nicht aufgrund wahrer Leidenschaft, sondern weil sie das Bedürfnis haben, unter

Beweis zu stellen, daß sie attraktive und erfolgreiche Liebhaber sind. Sie suchen Sicherheit in der wiederholten Bestätigung, daß sie noch immer einen Marktwert haben, noch immer ein erstrebenswertes Produkt sind. Das geschraubte Wort für all das ist Narzißmus. Es hat katastrophale Folgen, denn es verleitet die Menschen dazu, einander zu selbstsüchtigen Zwecken zu manipulieren« (42).

»Der grundlegende Irrtum ist, Liebe lediglich als ein Bedürfnis, als Appetit, als ein Verlangen, als Hunger zu betrachten, je nach Befriedigung. Psychologisch betrachtet, zeugt eine solche Einstellung von einer unreifen und regressiven Haltung dem Leben und anderen Menschen gegenüber. Zunächst einmal ist sie negativ. Liebe wird als Mangel definiert, als Leere, als ein Nichts. Aber sie ist darüber hinaus eine Leere, die ausgenützt werden kann. Andere können dazu herangezogen werden, das Bedürfnis erfüllen zu helfen – vorausgesetzt, wir schreien laut genug und lange genug und auf wirksame Art und Weise. Werbung beginnt in der Wiege! Sehr häufig bleibt sie dort – und die Liebe desgleichen« (43).

»Die Überbetonung der Aspekte von Bedürfnis und Erfüllung sowie Obsessionen, die eine selbstbewußte und narzißtische Fixierung auf das eigene Vergnügen fördern, können das Wachstum der Liebe leicht vereiteln und in eine falsche Richtung lenken. Das ist der Grund, warum die Bilder aus der Werbung, die sexuelle Erfüllung mit den trivialsten übrigen Arten der Befriedigung assoziieren – um den Käufer von seinem Geld zu trennen –, ein geistiges und moralisches Klima schaffen, das der echten Liebe abträglich ist. Unbewußt wird die Kraft, die in eine schöpferische und positive Liebe zum anderen Menschen fließen sollte, durch Bilder infantiler Erfüllung und anderer narzißtischer Symbole kurzgeschlossen. Der oder die Liebende wird dann zum wunderschön leuchtenden Bild der Selbstzufriedenheit, wird zur begehrenswerten, glänzenden und unendlich beglückenden Werbepackung statt zur wärmenden Nähe eines Menschen, der vollkommen dem Wert und dem Wesen der oder des Geliebten entspricht. Sogar die Werbebilder jener beseligten Paare, für die noch der Beginn der reiferen Lebensjahre ein nicht endenwollendes Fest ist, überzeugen uns nicht von der Realität der Liebe. Sie glorifizieren lediglich den kühlen und vollendeten Handel, an den unsere Gesellschaft mit abergläubischer Verehrung glaubt« (46).

»Was sollen wir tun? Nun, zum einen können wir diese unreifen und unangemessenen Bilder und Vorstellungen bewußt wahrnehmen. Wir müssen uns nicht von ihnen beherrschen lassen. Es steht uns frei, bessere Gedanken zu entwickeln. Natürlich können wir das nicht alles ganz alleine machen. Wir brauchen die Hilfe beredter Stimmen, die selbst von der Liebe gelehrt und inspiriert werden. Darin besteht die

Sendung des Dichters, des Künstlers, des Propheten. Leider hat die Verwirrung in unserer Welt die Botschaft unserer Dichter verdunkelt, und unsere Propheten scheinen völlig verstummt zu sein – wenn sie ihre Talente nicht gerade dem Loblied auf eine Zahnpasta widmen« (46).

Der Entwurzelung und Entseelung der Sexualität Einhalt gebieten

Wenn man von genitaler Sexualität spricht, kann das zunächst eine Sexualität meinen, die auf die Genitalien reduziert wird. Die Genitalien werden dann in den Vordergrund gerückt, ihrer Manipulation und Berührung kommt eine große Bedeutung zu, die sexuelle Erfüllung vollzieht sich in der lustvollen Erfahrung des Orgasmus. Es ist die Sexualität, die uns unter anderem in Pornofilmen und -magazinen begegnet, die mehr an dem Aussehen der Genitalien als am Gesichtsausdruck, mehr an Stellungen und Lustschreien als an seelischem Geschehen interessiert ist.
Weiter gibt es Sex-Zeitschriften, in denen auf fast jeder Seite nackte Frauen präsentiert werden. Ihre nackten Körper mögen bei manchen einen sexuellen Reiz auslösen. Sie können begehrenswert erscheinen, sexuelles Verlangen entfachen. Was diese Darstellungen aber nicht vermitteln, auch gar nicht vermitteln wollen, ist eine Art spirituelle Ausstrahlung. Der im Magazin dargebotene Körper wirkt wie entseelt. Er mag in seiner Nacktheit und Wohlgeformtheit ansehnlich sein, er mag zugleich aber auch in seiner Verhülltheit abstoßend sein. Denn schaue ich in die Gesichter der Frauen, treffe ich in der Regel auf verhüllte, leblos wirkende, puppengleiche Gesichter und Augen – Masken gleich. Es ist, als sei das Verdecken des Gesichtes der Preis der körperlichen Nacktheit. Der Fotograph Nobuyoshi Araki (1993, 18) sagt von seiner Fotoausstellung »Akt Tokyo«: »Selbst billige, geschmacklose Pornos halte ich für interessant, unter der Voraussetzung, daß sie etwas von der Einsamkeit der abgebildeten Menschen erzählen, von der Traurigkeit des Lebens«.
Hier wird die Sexualität geschunden und mit Füßen getreten. Sie wird total abgespalten von der Person. Sie wird vergewaltigt, mißhandelt und wie eine Droge mißbraucht, um Hoffnungslosigkeit, innere Leere und Traurigkeit für einen Moment auszulöschen. Sexualität wird zur Ware. Das aber ist nur möglich, wenn die Sexualität entwurzelt wird, wenn sie aus ihrer Verbindung mit der Person, dem Herzen einer Person, herausgeholt wird. Ihr wird dabei das Schönste genommen, wird sie doch dadurch herzlos und entseelt.
Dabei kann ein nackter Körper Leib und Seele ansprechen, sexuelles

Verlangen und spirituelles Verspüren entfachen. Das trifft dann zu, wenn das Gesicht der betreffenden Person offen, transparent ist, wenn die Fenster zu ihrer Seele, das sind die Augen, den Blick in ihre Seele erlauben. Wenn ihre Seele sich nicht verstecken muß, sondern sich im Blick, in der Anmut des Körpers, in der Art des Ganges, in der Ausstrahlung dieser Person versprühen kann. Dafür eignet sich aber nicht die Atmosphäre eines Sexmagazines oder eines Pornofilmes. Es bedarf dazu einer geschützten, intimen, privaten Atmosphäre. Alexander Lowen (1990) meint, daß bestimmte Beckenbewegungen, die darauf abzielen, den anderen auf sich aufmerksam zu machen, als sexy gelten mögen und entsprechend wirken. Solange diese Bewegungen aber nur oberflächlich ablaufen und nicht geerdet sind, bleiben sie auch an der Oberfläche. Erst wenn sie geerdet sind, sie aus dem Bewußtsein der Verbundenheit mit der Erde erwachsen, vermögen sie eine spirituelle Qualität anzunehmen.
Keuschheit meint in diesem Zusammenhang für mich, die Sexualität aus ihrer Erniedrigung zu befreien. Ihrer Entwurzelung und Entseelung Einhalt zu gebieten. Den ihr zukommenden Respekt einzufordern, ihre Würde zu schützen.

Keuschheit – Sexualität – Gewalt

Sexualität und Gewalt – für nicht wenige ist diese Kombination untrennbar mit ihrer Erfahrung von Sexualität verbunden. Sexuelle Vergewaltigung und sexueller Mißbrauch haben bei ihnen tiefe Spuren und Wunden hinterlassen. Für manche unter ihnen ist die erste direkte sexuelle Erfahrung mit Gewalt verbunden und hat dementsprechend ihr Bild und ihr Empfinden von Sexualität geprägt. Die weitreichenden Auswirkungen sexueller Gewalt und sexuellen Mißbrauches zeigen, wie sehr die Sexualität zum Innersten einer Person gehört und wie sehr dieser Mensch in seinem Innersten verletzt wird, wenn er sexuell verletzt und mißbraucht wird. Es sind Einschnitte, die so weit gehen, daß sie bis in das Herz und in die Seele reichen, daß sie fast das Herz brechen. Hier wird deutlich, wie eng die Beziehung zwischen unserer Sexualität und unserem Herzen ist, wie sehr die Sexualität ein Ausfluß unseres Herzen ist, wie sehr in ihr Herzhaftes zum Ausdruck kommt, zugleich aber auch sexuelle Erfahrungen – im Positiven und im Negativen – Rückwirkungen auf unser Herz haben.
Fast hilflos mutet es an, hier auf die Keuschheit hinzuweisen. Was vermag sie anzurichten bei gewalttätigen, von ihrem Trieb beherrschten Menschen? Wird sie nicht gnadenlos überrannt und an den Rand

gespielt? Eine keusche Haltung gegenüber der Sexualität hat hier nur dann eine Chance, wenn diese Keuschheit gleichsam von der Mitte einer Person her genährt wird. Um ein Gegengewicht zu den destruktiven Kräften gewaltsamer Sexualität darstellen zu können, muß sie tief verankert sein in einer Person. Sie muß gleichsam Ausdruck des Herzens sein und sich in Sensibilität, Respekt und Ehrfurcht vor dem anderen Menschen zum Ausdruck bringen.
Eine solche Haltung wird einer, der sexuelle Gewalt ausübt, nur in einem langwierigen Prozeß annehmen können, ist er überhaupt bereit, sich auf einen solchen Prozeß einzulassen und an sich zu arbeiten. Die Macht der Unkeuschheit – unkeusch, das ist das richtige Wort für sein respektloses und brutales Handeln, bei dem die Würde einer anderen Person mit Füßen getreten wird – wird erst gebrochen, wenn die Keuschheit zunehmend Terrain gewinnt, ihr Einfluß immer größer wird und mit der Hilfe anderer, bis hin zu professionellen Helfern, eine Verwandlung erfolgt, die eine keusche Haltung sich selbst gegenüber als Annahme seiner selbst einschließt.

Die seelische und soziale Dimension der Sexualität würdigen

Die Reduzierung von Sexualität auf Genitalität muß nicht von vornherein mit Pornographie gleichgesetzt werden. Es gibt auch eine Konzentrierung auf die genitale Sexualität, die breiter angelegt ist, bei der über genitales Verlangen und Tun hinaus zum Beispiel die soziale Dimension menschlicher Sexualität berücksichtigt wird. Wenn dagegen das Einbeziehen des sozialen Aspektes zu kurz kommt, kann damit eine Beschneidung der menschlichen Sexualität einhergehen, die auch eine Beschneidung der gesamten Person mit sich bringt. Denn die genitale Sexualität spricht nicht nur die körperliche Ebene an. Sie ist nicht nur etwas, das man geheim für sich »machen« kann. Wenn das geschieht, besteht die Gefahr, die Sexualität auf die Genitalität zu reduzieren und die Sexualität nicht länger *für* die *ganze* Person zuzulassen, sondern sie in eine Ecke der Person abzudrängen.
Der Priester, der zweimal in der Woche während der Dienstzeit mit der verheirateten Pfarrsekretärin schläft, der Ehemann, der immer wieder einen Massagesalon aufsucht, die Ehefrau, die ihre zahlreichen Wochenendfortbildungen zu vorübergehenden sexuellen Kontakten nutzt, die Ordensfrau, die voller Schuldgefühle sich selbstbefriedigt – sie alle leben ihre Sexualität auf eine Weise, die von vornherein die Entfaltungsmöglichkeiten ihrer Sexualität beeinträchtigt. Die Sexualität wird dadurch gebremst und in ihren Entfaltungsmöglichkeiten behindert. Die Sexualität drängt es aber danach, sich auf den ganzen

Menschen auszubreiten. Sie will Leib und Seele ansprechen. Vor allem aber will sie Ausdruck der ganzen Person sein. Sie will nicht versteckt und verleugnet werden, sie will bezeugt und gefeiert werden. Das aber vermag sie nur, wenn ihre seelische und soziale Dimension mitberücksichtigt und gewürdigt wird.

Der Verheiratete wird in der Regel im Rahmen seiner Ehe die günstigsten Voraussetzungen finden, um seine Sexualität als Ausdruck der ganzen Person leben zu können. Außerhalb seiner Ehe mag es zwar leicht sein, die genitale Sexualität zu leben. Er wird aber immer wieder an Grenzen kommen, wenn es darum geht, die seelische und soziale Seite der Sexualität zuzulassen, ernst zu nehmen und dadurch auch dem Verlangen der Sexualität nach Ganzheitlichkeit gerecht zu werden.

Zölibatär Lebende müssen die soziale Dimension ihrer sexuellen Erfahrung unterdrücken, ja diese Seite sozusagen aus ihrem Gesicht verbannen, wenn sie ihre sexuellen Beziehungen verstecken oder verleugnen müssen. Ihre Sexualität muß in der Dunkelheit des Kellers ihr Dasein fristen und kann nicht in der Behaglichkeit und Freundlichkeit des Wohnbereiches leben. Die Voraussetzungen, die zur Entfaltung einer ganzheitlichen Sexualität im Rahmen einer Beziehung notwendig wären, wie Zeit, Ort, Verbindlichkeit und Offenheit, fehlen.

Es ist erschreckend und stimmt traurig, zu sehen und zu hören, wie sehr die Sexualität einen Menschen hinunterziehen kann, statt ihn aufzubauen, etwa dann, wenn die Sexualität und das Verlangen nach Liebe, Nähe, Berührung, für das sie oft steht, in einer Weise gelebt und ausgelebt werden, die der einzelne und die einzelne letztlich als entwürdigend erleben, bis dahin, daß sie nur in der als zwanghaft erlebten Selbstbefriedigung, in der Erregung durch Sexmagazine und Sexfilme oder durch genital sexuelle Erfahrungen mit anonymen Sexualpartnern oder Prostituierten zugelassen und erfahren wird. Aber auch dann, wenn sie als genitale Sexualität in partnerschaftlichen Beziehungen erlebt wird, kann sie, so sehr sie auch als lustvoll und die Beziehung vertiefend erfahren wird, durch die notwendige Geheimhaltung nach außen und die Spaltung, die damit einhergehen mag, eingetrübt werden.

Keusch sein kann hier heißen, dafür Sorge zu tragen, daß der Sexualität der Raum zugestanden wird, den sie braucht, um sich entfalten zu können. Dazu gehört auch das Ernstnehmen des öffentlichen Rahmens, der entsprechend berücksichtigt werden muß, soll die Sexualität in ihren Möglichkeiten, sich auch dort zu verwirklichen, nicht vorschnell gestoppt werden.

Wenn ich das, was ich denke oder tue, meine, vor anderen verstecken zu müssen, halte ich mich bedeckt. Ich denke an so manche Begegnungen, bei denen ich sehr schnell den Eindruck gewinne, hier hält sich jemand bedeckt, oder hier stimmt das, was jemand sagt, nicht mit dem überein, wie das, was er sagt, auf mich wirkt. Das mag zum Beispiel auf Menschen zutreffen, die nach außen hin den Eindruck erwecken, von etwas überzeugt zu sein oder etwas zu leben, das sie in Wirklichkeit selbst nicht leben. Oder ich denke an so manche »zölibatär Lebende«, die es verstehen, große und viele Worte zu finden für dieses und jenes Problem, zum Beispiel das Zölibat, über ihre eigene Problematik aber, etwa daß sie in einer auch sexuellen Beziehung leben oder Kinder haben, keine Silbe verlieren. Die Gründe für eine solche Zurückhaltung sind oft einsehbar. Sie können aber nicht das schale Gefühl nehmen, das jene, wenn man sie näher kennt, in einem auslösen. Sie selbst werden vielfach die Erfahrung machen, daß sie gebremst, vorsichtig durchs Leben gehen und ihre Beziehung an viele Ecken und Kanten anstößt, solange sie die offene, freie Luft, das helle Licht scheuen muß.

Keuschheit heißt hier für mich, mit meiner Sexualität transparent umzugehen; was ich von der Sexualität halte, wie ich sie lebe, transparent zu machen. Das heißt nicht, die sogenannten Intimitäten preiszugeben. Es meint vielmehr, mit meiner Sexualität kein Versteckspiel zu treiben. Es meint weiterhin nicht, der Sexualität und da auch meiner Sexualität das Geheimnisvolle zu nehmen, auch nicht mir selbst das Geheimnisvolle meiner Sexualität durch fragwürdige Enthüllungen zu nehmen. Es meint, daß ich nicht etwas mit mir herumtrage, um das ich sehr wohl weiß und das andere spüren, ich aber nach außen hin so tue, als gäbe es das nicht in meinem Leben. Dieses »Etwas« wird aber immer wieder zum Durchscheinen kommen, wird sich immer wieder zeigen, vor allem aber wird es sich immer wieder zwischen mich und die anderen stellen, da ich es ja nicht »besitze«, sondern vor mir hertrage. Es wird dem anderen den klaren Blick auf mich hin versperren, und es verhindert, daß ich mich der anderen Person so zeige, wie ich bin.

Wenn ich mit meiner Sexualität transparent umgehe, predige ich nicht gegen Selbstbefriedigung, obwohl ich sie selbst praktiziere; erwecke ich nicht den Eindruck, als sei ich über alles, was mit Sexualität zu tun hat, erhaben, obwohl ich vollgestopft bin mit sexuellen Phantasien und Wünschen; gebe ich als Priester nicht vor, als handele es sich bei meiner Mitarbeiterin lediglich um die unverzichtbare Stütze für meinen Dienst, obwohl sie meine Liebespartnerin ist; spiele ich meinem

Ehepartner nicht die treue Ehefrau vor, obwohl ich eine sexuelle Beziehung zu einem anderen Mann habe; verbreite ich nach außen hin nicht das Image einer keuschen Ordensfrau, obwohl ich zu mehreren Mitschwestern sexuelle Beziehungen unterhalte.
Ich muß mit all dem nicht hausieren gehen. Ich soll aber auch nicht so tun, als gehöre es nicht zu meinem wirklichen Leben oder als sei das etwas, das unter Verschluß gehalten, allein den Bereich meiner Privatsphäre berühre. Dabei hat all das doch Auswirkungen auf mein soziales Leben, wirkt es dort hinein, ist es etwas, das mit mir als Mensch, als ganzem Menschen zu tun hat, ob ich das nun will oder nicht.

Keuschheit und Lust

Das Verlangen nach Vergnügen und Lust und die Erfahrung von Vergnügen und Lust im Zusammenhang mit Sexualität ist in Einklang zu bringen mit einer keuschen Haltung. Ja, Vergnügen und Lust zu bejahen, ein positives Verhältnis dazu zu haben und offen und empfänglich dafür zu sein, kann Ausdruck einer keuschen Einstellung sein, während die Unfähigkeit, Lust und Vergnügen zu empfinden, die grundsätzliche Ablehnung von ihnen, mit einer keuschen Haltung kaum in Einklang zu bringen sind. So ist nach Thomas von Aquin die Fähigkeit, grundsätzlich empfänglich und offen zu sein für das Vergnügen, das aus der Berührung kommt, eine Tugend. Als unsensibel bezeichnet er hingegen jene, denen die grundsätzliche Offenheit für das Vergnügen, das durch die Berührung entsteht, abgeht.
Auf der anderen Seite kann der Tugend der Keuschheit auch die Aufgabe zukommen, dazu beizutragen, daß das Verlangen nach Lust und Vergnügen nicht »überschießt«, es sich in einer Weise in unserem Leben breit macht und nach Verwirklichung und Erfüllung verlangt, die die Entwicklung, Entfaltung und Verwirklichung anderer Strebungen und Wünsche in uns blockieren. Lust und Vergnügen und ihre Erfahrung sind nicht der einzige Lebenssinn und sicher auch nicht der erste und bedeutendste.
Keusch sein kann hier heißen, Lusterfahrung nicht zum Lebensprinzip zu erklären, dem sich alle anderen Strebungen und Wünsche unterordnen müssen. Es kann weiter heißen, ohne die fundamentale Bedeutung von Lusterfahrung zu beeinträchtigen, das Verlangen nach Lusterfahrung zu bremsen und zu drosseln, wenn es mit anderen mir wichtigen Wirklichkeiten in Konflikt gerät.

Der in seiner ehelichen Beziehung sexuell frustrierte Professor mag sein Verlangen, sich in anonymen und unpersönlichen Beziehungen außerhalb der Ehe sexuell zu befriedigen, nicht ausleben, da er ein solches Verhalten nicht mit seinem Selbst-Bild, mit seinem Selbst-Respekt vereinbaren kann. Er würde das als entwürdigend erleben und bei sich spüren, daß er damit zwar seinen sexuellen Stau entladen könnte, zugleich aber seine Gesamtsituation nicht ändern würde, ja die Entfremdung gegenüber seiner Ehefrau dadurch sogar noch zunehmen würde.

Die Ordensfrau, die sehr stark in sich das Verlangen spürt, sich selbstzubefriedigen und zugleich in Berührung ist mit ihrem großen Frust über die Sterilität, die sie augenblicklich in ihrer Arbeit erfährt, mag sich sagen, statt durch Selbstbefriedigung »auf die Schnelle« eine, nur kurze Zeit andauernde, Öffnung und Weitung zu verschaffen, lasse ich mir kreativere Formen der Öffnung und Weitung, der intensiveren Erfahrung von Leben und dabei auch von Lust, Freude und Vergnügen einfallen. Das Versprechen, keusch leben zu wollen, kann für sie dabei eine zusätzliche Motivation sein.

Wichtig ist hier, daß es nicht darum gehen kann, Lust und Vergnügen zu beseitigen, ihnen gar so radikal beikommen zu wollen, daß sie mit ihren Wurzeln herausgerissen werden und ihnen damit die Verbindung zur Lebensquelle genommen wird. Lust und Vergnügen, ihr Wachsen und Gedeihen, ihr Zulassen im Leben, sollen *zusammen* mit den anderen lebensnotwendigen, das Leben bereichernden Erfahrungsmöglichkeiten des Menschen gefördert werden.

So können zum Beispiel im sexuellen Zusammensein zweier sich liebender Menschen Lust und Vergnügen die Liebe der beiden verschönern. Das ist, so Donald Goergen (1979, 122), die menschlichste und sinnvollste Weise, sexuelles Vergnügen zu sehen. Zugleich aber ist wichtig, zu berücksichtigen, daß, so Rollo May (1969, 313), »sexuelle Liebe nicht nur Spiel sein kann, wenn auch vermutlich ein Element schieren Vergnügens immer anwesend sein sollte. So gesehen mögen vorübergehende sexuelle Beziehungen ihren Sinn in der gegenseitigen Erfahrung von Vergnügen und Zärtlichkeit finden. Allein, wenn die grundsätzliche Entstehung von sexuellen Kontakten von dieser Einstellung zu vorübergehenden sexuellen Beziehungen geprägt ist, wird das Spielen früher oder später langweilig. Das gleiche gilt für die Sinnlichkeit, die in jeder befriedigenden sexuellen Liebesbeziehung ein Element ausmacht; wenn sie das ganze Gewicht einer Beziehung tragen müßte, wäre sie überfordert«.

Sexuelle Phantasien und Keuschheit

Auf die Frage, an welchem Punkt für sie Untreue beginnt, antworten Ehepartner ganz unterschiedlich (vgl. Jäckel 1994). Für die einen beginnt der Seitensprung mit dem Akt, bei einem anderen »eigentlich schon, wenn da so eine gewisse Vorstellung ist. Wenn man den Kitzel spürt« (23). Wieder eine andere meint, »für mich findet Untreue nicht statt, wenn man's nur gern täte oder man sich verliebt hat. Gedanken und Gefühle sind frei. Kritisch wird es, wenn die Tat folgt« (34). Dem hält ein anderer entgegen: »Für mich fängt Untreue im Kopf an. Wenn ich es mit einer treiben will, kann ich es auch tun. Die Wunschvorstellung ist da so gut wie die Ausführung, nur meistens nicht so schön« (49).

Keuschheit hat sicher auch etwas mit unseren Gedanken zu tun. Aber nicht unbedingt in dem Sinne, wie es vielen beigebracht wurde oder es sich in der Standardformulierung beim Beichten »ich habe Unkeusches gedacht …« niederschlug. Keuschheit heißt für mich bezogen auf meine Gedanken, der Sexualität in ihrer ganzen Breite zunächst offen zu begegnen. Nicht vorschnell einen Hebel innerlich anziehen, um diesen oder jenen Gedanken zu stoppen. In meinen sexuellen Gedanken und Phantasien soll meine grundsätzliche Offenheit gegenüber der Sexualität und ihre Bejahung zum Ausdruck kommen. Dabei mag ich auch Gedanken, Vorstellungen, Phantasien zulassen, die ich jetzt nicht jedem mitteilen wollte, ja die andere auch gar nichts angehen. Weiter mag ich Vorstellungen zulassen, die über das hinausgehen, was ich jemals umsetzen kann, auch gar nicht umsetzen will. Kritisch wird es für mich – und da kann der Begriff Keuscheit hilfreich sein –, wenn durch meine sexuellen Gedanken andere Menschen »mißbraucht« werden, ich sie zum Beispiel auf den Genitalakt reduziere, das heißt sie dessen, was sie als Mensch und Person ausmacht, im wahrsten Sinne des Wortes entkleide und dann nur noch die Brüste, den »prallen Hintern« sehe, an dem ich mich dann in meiner Phantasievorstellung aufgeile. Auch wenn ich in diesem Moment den konkreten Menschen, den ich in meinen Gedanken vor mir habe, nicht verletzen mag, mache ich innerlich etwas mit ihm, vor allem aber mache ich etwas mit mir. Ich reduziere mich selbst auf meine Geilheit, meine genitale Lust, ich lasse all das weg, was ganz entscheidend zur anderen Person gehört und was ich als ganz wesentlich zu mir gehörig betrachte.

Keuschheit bei sexuellen Gedanken und bei sexuellen Phantasien meint damit nicht, überhaupt keine sexuellen Phantasien zu haben, auch nicht Phantasien zu haben, bei denen ich jemand anderen sexuell begehre und mir das auch vorstelle. Keuschheit ist hier auch nicht gleichzusetzen mit jener Haltung, die jemandem Ehebruch vorhält, weil er in seinem Herzen eine andere Frau begehrt hat. Ich erinnere mich noch gut daran, in welche großen Schwierigkeiten der damalige amerikanische Präsidentschaftskandidat Jimmy Carter geriet, als er in einem Playboy-Interview gestand, auch schon einmal Lust auf eine andere Frau empfunden zu haben.

Anders verhält es sich, wenn ich von meinen sexuellen Phantasien so sehr beherrscht bin, daß ich gar nicht mehr bei meiner Partnerin bin – mitunter sogar beim sexuellen Zusammensein mit ihr – und ich von dem sexuellen Wunsch und Drang hin zu einer anderen regelrecht davongetragen werde. »Wenn ich nur noch davon träume, mit einer anderen zusammenzusein, beginnt für mich Untreue«, antwortet Gorden auf die Frage, wann für ihn Untreue beginnt (Jäckel 1994, 95). Dann bin ich innerlich bei jemand anderem, von einer anderen besetzt, während ich äußerlich vorgebe, bei meiner Partnerin, meiner Frau, zu sein. Das aber verträgt sich auf Dauer nicht mit dem Respekt, meiner Freundschaft, vor allem meiner Liebe gegenüber meiner Partnerin. Dann mache ich etwas mit ihr, verletze ich sie, trete ich innerlich aus der Beziehung, dem, was uns verbindet, heraus, während ich äußerlich noch so tue, als bewege ich mich innerhalb des für uns gültigen und geltenden Rahmens.

Keuschheit heißt hier für mich, mich von meinen sexuellen Phantasien, meinem sexuellen Angezogensein durch andere nicht einfach frei flottierend überfluten zu lassen, sondern all das »einzufangen« in mein – auch sexuelles – Empfinden und Verlangen gegenüber dem Menschen, den ich mir zu meinem Partner, und da auch sexuellen Partner, erwählt habe. Meine sexuellen Gedanken und Phantasien gegenüber anderen und über andere, werden dadurch nicht einfach ausgemerzt. Sie werden aber konfrontiert mit den Empfindungen und Gefühlen, die dem Menschen gelten, an dem mein Herz hängt, dem ich mein Ja geschenkt habe. Solange sie nicht in Konkurrenz dazu treten, sie nicht in einen Rahmen und eine Tiefe einbrechen, die nur mir und ihr vorbehalten sind, sie nicht die uns allein vorbehaltene Intimität berühren, gar beschädigen, dürfen sie sein. Sie mögen dann mich, unseren intimen Bereich, mitunter sogar bereichern.

Gerade die Gedanken, Vorstellungen, Phantasien können die Sexualität einbetten in eine Sphäre, die die Sexualität bereichert, bunter macht. Über sie kann die Sexualität und das sexuelle Geschehen erweitert werden, in Ebenen, Höhen und Tiefen geführt werden, die selbst vor der Ewigkeit nicht stehenbleiben. Sie können den Moment des Zusammenseins in den Glanz des Himmlischen tauchen, die Erfahrung der Verbundenheit zum Augenblick des tief erlebten Eins-Seins werden lassen. In all dem können sie sich als Boten keuscher

Gesinnung verstehen, denen es darum geht, die Sexualität auf den ganzen Menschen auszugießen und sie vom ganzen Menschen her – mit dem, was einen Menschen ausmacht, seinen Verstand, sein Herz, seinen Leib, seine Seele – zu bereichern und auszugestalten.
Mir geht es mit dem, was ich in diesem Zusammenhang zur Keuschheit sage, nicht darum, dem, der anders mit seiner Sexualität, mit seinen sexuellen Gedanken und Phantasien umgeht, ein schlechtes Gefühl zu vermitteln oder gar ihm ein sündhaftes Verhalten zu unterstellen. Damit würde man sehr schnell Gefahr laufen, wieder in diesen Teufelskreis zu geraten, bei dem Unkeuschheit mit Sexualität gleichgesetzt und die Sexualität verteufelt wird, statt in eine unbefangene und selbstverständliche Beziehung zur Sexualität zu treten. Dadurch aber wird die Beziehung zur Sexualität kompliziert und mit Schuldgefühlen befrachtet, sie selbst aber entwürdigt. Damit würden wir uns aber möglicherweise eine ent-scheidende Ausdrucksweise von Leben und Lieben wenn nicht nehmen, so doch erschweren. Ich will lediglich aufzeigen, inwieweit eine keusche Haltung gegenüber der Sexualität für mich und meine Beziehungen von Gewinn sein können, sie mich, meine Beziehungen, bereichern, ja befruchten kann; sie dazu beitragen kann, daß etwas in mir aufblühen kann. Das mag – und manchmal ist es ganz sicher so – mit Einbußen, mit Verzicht verbunden sein. Das geht einher mit Prozessen, die auf ein Sich-Konzentrieren, eine Läuterung hinauslaufen, die meine Menschwerdung und Selbst-Verwirklichung an sich zum Ziel haben, die alles Wesentliche, alles zu mir Gehörende, zum Klingen und Ausdruck bringen möchten. Dazu gehören meine genitale sexuelle Kraft, mein Verlangen nach Ekstase und Lust, meine anscheinend grenzenlose sexuelle Vorstellungskraft ebenso wie mein Verlangen nach Zärtlichkeit, Intimität, Sinnlichkeit, Wärme, Geborgenheit. Dazu gehört auch die Fähigkeit, mich im Verlieren nicht ganz zu verlieren, in Kontakt zu bleiben mit meiner Bestimmung, meiner Lebensentscheidung, eingegangenen Verpflichtungen und der mir zukommenden Verantwortung.

Keuschheit und erwachsene Intimität

Die Keuschheit fördert eine Haltung, die eine erwachsene Intimität stärkt. Sie kann dabei Enthaltsamkeit von einem sexuellen Verlangen bedeuten, das einer erwachsenen Intimität widerspricht. Die Keuschheit will die sexuelle Intimität nicht wegnehmen. Sie will sie vielmehr fördern. Erwachsene Intimität wird aber nicht gefördert, wenn zum Beispiel Intimität sich erschöpft in der Verwirklichung bisher unerfüllter Sehnsüchte nach Nähe und Vereinigung; wenn das Verlangen nach Intimität geboren wird aus der notvollen Erfahrung nicht oder gar nie geschenkter Nähe und Zärtlichkeit durch den Vater oder die Mutter; wenn also die unerlöste kindliche Seite in mir vor Verlangen und Sehnen nach Intimität fast stirbt und diesem Verlangen geradezu wie hilflos ausgesetzt ist.

Unter diesen Bedingungen kann sich keine erwachsene Intimität entfalten. Da bin ich der Person, von der ich Intimität erwarte, ausgeliefert. Da bleibe ich das Kind, gefangen in meinem Verlangen und Sehnen. Die Intimität, die ich hier ersehne, wird, wenn ich sie mir erfülle, für einen Augenblick befriedigt. Sie wird mich aber nicht befreien, das heißt, mir nicht das erfüllen, wonach ich mich in diesem Schrei nach Intimität im Tiefsten sehne. Ich werde an der Stelle, an der ich mich in meiner Entwicklung befinde, hängenbleiben und anstatt zu wachsen, *progredere* (also nach vorne zu gehen), schrumpfen *regredere* (also zurück gehen).

Vermag ich mich dagegen der Erfüllung der so intensiv verlangten sexuellen Intimität zu enthalten, vermag ich den Schmerz der Nichterfüllung dieser Sehnsucht auszuhalten, die Frustration, die damit einhergehen mag, zu ertragen, dann werde ich zunehmend damit in Berührung kommen und spüren, daß ich der Erfüllung dieser Sehnsucht nach Intimität nicht verfallen bin, daß ich ohne diese Erfüllung und Befriedigung leben kann. Das aber weckt in mir Kräfte, die vielleicht nicht zum Zug gekommen wären, hätte ich mein Bedürfnis gleich befriedigt. Das sind die Kräfte, die mich in der Erfahrung des Verzichtes und der damit einhergehenden Frustration nach vorne bringen. Sie bringen mich auf den Weg, der mich herausführen kann aus der Enge der abhängigen Intimität hin zu einer Intimität, zu der ich mich entscheiden kann, auf die ich mich einlassen kann, die ich geben und mir schenken lassen kann. Es ist ein Weg aus der Enge in die Weite. Die erwachsene Intimität ist weit, macht mich weit. Sie ist da, weil ich unabhängig bin von der Erfüllung des Verlangens nach Intimität und weil bei der erwachsenen, »weiten« Intimität meine Intimität sich nicht auf das sexuelle Zusammensein beschränkt, sondern sich auf mein ganzes Leben und Tun auswirkt.

Bei einer reifen Intimität gehe ich bewußt aufrecht, auch meiner selbst und meines Selbst bewußt, in die – auch sexuelle – Begegnung. Ich nehme mich dabei als ganzen Menschen mit, mit all dem, was mich innerlich und äußerlich ausmacht. Nichts von all dem muß ich verstecken oder verdrängen. Es gehört ja mit zu mir.

Eine erwachsene Intimität setzt eine positive Einstellung zur Sexualität voraus. Sie setzt weiter voraus, daß ich den normalen Prozeß in meiner Sexualitätsentwicklung zugelassen habe; daß ich mit Sexualität, mit sexuellen Organen, mit Penis und Scheide, etwas Positives, Schönes verbinden kann; daß sie etwas sind, das ganz selbstverständlich zu meinem Leben gehört, sie mir bekannt und vertraut sind.

Hans, 39 Jahre alt, Pfarrer, mußte vorübergehend seinen Dienst quittieren, nachdem öffentlich bekannt wurde, daß er eine intime, sexuelle Beziehung zu einer verheirateten Frau in seiner Gemeinde hat. Dieser Beziehung war eine kurze, sehr intime, aber nicht sexuelle Beziehung, ebenfalls zu einer verheirateten Frau vorausgegangen. Die Erfahrung, die Hans in diesen Beziehungen machte, schildert er als überwältigend. Noch nie hatte er sich so angenommen und geliebt erfahren wie in diesen Beziehungen. Noch nie habe er sich so sehr als Mann erlebt, sein Mann-Sein erfahren. Auch sei die Erfahrung, begehrt zu sein, für ihn wunderbar. Für Hans waren es die ersten gelungenen tieferen, auch sexuellen, Beziehungen zu einer Frau gewesen. Vor Jahren hatte er einige Male ein Bordell aufgesucht. Doch das war – sexuell gesehen – immer ein Reinfall gewesen. Immer wieder zog es ihn auch zu Sex- und Pornofilmen. Die Selbstbefriedigung war zum selbstverständlichen Ritual geworden, das er mehrfach in der Woche praktizierte.

Hans wirkte wie jemand, der sich auf der Suche nach Intimität befand, einer Intimität, die in die Breite und in die Tiefe wirkt. Gerade die letzten Erfahrungen mit der verheirateten Frau waren für seine emotionale Entwicklung hilfreich gewesen, so sehr er auch spürte, welch schwere Konflikte damit verbunden waren; denn ihm wurde zunehmend klarer, daß für ihn entweder nur ein zölibatäres Leben oder eine Beziehung, zu der er auch nach außen hin stehen konnte, in Frage kam. Aber er war noch nicht »durch«, die Verbindung von Sexualität, sexueller Erfahrung und die Erfahrung von Intimität war bei ihm noch nicht hergestellt, wenn auch im sexuellen Zusammensein und dessen Nachklang für einige Zeit die Verbindung hergestellt zu sein schien. Doch etwas hielt seine Intimitätsbefähigung noch zurück, hinderte sie an der Vollendung, mit der Folge, daß die ihn nach vorne tragende und drängende Kraft, die ihn auf andere zugehen läßt, im häufigen Onanieren aufgebraucht wurde.

Keuschheit, so meine ich, hat viel mit Freiheit zu tun. Es ist eine Haltung, die es mir möglich macht, frei zu entscheiden, ob ich zum Beispiel eine sexuelle Beziehung will oder nicht; ob ich mich, soweit es auf mich ankommt, dafür oder dagegen entscheiden kann; und, wie immer ich mich entscheide, ob ich gut zu dieser Entscheidung stehen kann, keine mich herabsetzenden Gefühle und Wertungen damit einhergehen; ob ich die Erfahrung machen darf, ich kann für mich aus diesen und jenen Gründen gut nein sagen: Ich bin dieser Frau, diesem Verlangen nicht verfallen. Ich nehme zwar dieses Verlangen wahr. Ich spüre es sehr stark in mir. Ich merke zum Beispiel, wie ich beginne, mit meiner Phantasie ein sexuelles Zusammensein aufzubauen. Doch ich bin in der Lage, mich diesem Sog nicht einfach auszuliefern, gar mich von ihm zum Handeln treiben zu lassen. Und ich kann das, ohne mich jetzt innerlich vergewaltigen zu müssen, ohne überaus hart mit mir umgehen und entscheidende Seiten von mir abwürgen zu müssen. Ich kann aus meiner Mitte heraus, aus meiner Person heraus, wie ich mich verstehe, die Entscheidung treffen, das zu lassen. Um dann nicht geknickt, voller Frust mich zu verkriechen, sondern aufrecht, mit einem guten Gefühl, *meinen* Weg zu gehen.

Keuschheit und Verzicht

Keuscheit kann auch Verzicht heißen. Auch Verzicht auf die Erfahrung von Sexualität. Gerade dann, wenn Sexualität eine so große Bedeutung und ein so starkes Gewicht in einer Beziehung hat, daß das auf Kosten anderer bedeutsamer Bereiche der Beziehung geht, oder wenn die Sexualität zur Routine geworden ist, kann eine vorübergehende sexuelle Enthaltsamkeit zur Stärkung vernachlässigter Bereiche der Beziehung und zu einer wieder mehr bewußten und mit Freude und Spaß erlebten sexuellen Begegnung beitragen.
So mag der Wunsch nach einem besseren gegenseitigen Verstehen, nach größerer gegenseitiger Vertrautheit, nach mehr zärtlicher Begegnung, die man meint »über« die sexuelle Begegnung zu erlangen, erst erfüllt werden oder leichter erfüllt werden, wenn man sich außerhalb des sexuellen Zusammenseins darum bemüht. Der Verzicht auf die Sexualität kann hier helfen, »dran zu bleiben«, auch dann, wenn es schwierig wird, an der Beziehung zu »arbeiten« und sich nicht durch ein sexuelles Zusammensein davon ablenken zu lassen. Denn, so Elisabeth Haice (in: Brown 1980, 18), Sexualität »erzwingt Zärtlichkeit und Umarmung«. Doch es ist eine Nähe, eine Vertrautheit und Intimität, die nicht unbedingt abgedeckt sind durch die wirklichen Gefühle, die man füreinander empfindet.
Heinz und Yvonne beschließen nach einigen Gesprächen mit der Eheberaterin, für ein halbes Jahr nicht miteinander zu schlafen. Yvonne litt zunehmend darunter, daß ihr Partner von ihr erwartete, immer bereit zu sein, mit ihm zu schlafen, wenn ihm danach war, und daß dann alles so ablief, wie er es gewohnt war und wollte. Der sexuelle Verzicht soll sie dabei stützen, das feste Muster, das für Yvonne zunehmend unerträglich wurde, zu sprengen. Es soll ihre Phantasie und Kreativität herausfordern, um wieder mehr Abwechslung, Lebendigkeit und Sensibilität in ihr Leben und dann auch in ihre Beziehung zu

bringen. Dabei war es wichtig, daß beide hinter dieser Vereinbarung standen und für sie auch klar war, daß dieser Verzicht ganz bewußt als Verzicht für ihre Beziehung, deren Vertiefung und Erneuerung verstanden wurde.

Eine solche Entscheidung ist nicht aus einer ablehnenden Haltung gegenüber der Sexualität entstanden. Sie findet ihren Grund in der Bedeutung, die die beiden ihrer Beziehung beimessen. Um diese Beziehung zu bereichern und zu vertiefen und dabei auch in dieser Beziehung die sexuelle Begegnung wieder mit neuem Leben zu erfüllen, tritt die Sexualität für eine Weile in den Hintergrund. Im Verzicht auf die Sexualität wird die Hochschätzung vor der Sexualität und zugleich gegenüber der Beziehung deutlich.

Eine solche Haltung würde ich als eine keusche Haltung bezeichnen. In ihr kommt – so paradox es klingen mag – gerade im Verzicht auf die Sexualität ein klares Ja zur menschlichen Sexualität zum Ausdruck, ein Ja, das mehr überzeugt als manche Formen gelebter Sexualität. Die Sexualität wird bei dieser Entscheidung als wichtiger Bestandteil der Beziehung gesehen und gewürdigt. Sie wird in ihrer Tragweite für das Gelingen der Beziehung ernstgenommen, weil sie nicht dazu mißbraucht wird, etwas, das es *für* die Beziehung zu beachten gilt, zuzudecken.

Die sexuelle Begegnung, die mich hinausführt ins Weite

Es ist nicht die sexuelle Erfahrung, die ich suche. Es ist die Öffnung hin zum Leben und zu Beziehungen. Die sexuelle Begegnung, die mich nicht hinausführt ins Weite, die mich nicht öffnet, mich in all dem, was mein Leben ausmacht – auch für dich, in dem, was dein Leben ausmacht –, die will ich nicht. Ich will sie nicht, wenn sie zum Ersatz wird für diese tiefere Sehnsucht. So kann der Verzicht auf die sexuelle Erfahrung ein Schritt sein, der mich näher an die ersehnte Erfüllung bringt. Der Verzicht kann den Blick für die Möglichkeiten schärfen, die ich jetzt schon habe, um dem Ersehnten näherzukommen. Diese Erfahrung, im Verzicht auf sexuelles Erfahren, dem eigentlich Ersehnten näher zu kommen, kann bereits ein Vorgeschmack von dem sein, was sich in mir an Gefühlen breitmacht, wenn ich das Ersehnte erreiche. Es ist das Geschenk einer unendlichen Gelassenheit und Erfahrung von Freiheit und Unabhängigkeit. Es ist ein vom »Bauch« aufsteigendes, aus einer großen Tiefe kommendes und in die Tiefe wirkendes warmes, Ruhe, Zufriedenheit schenkendes Gefühl. Es ist ein Geborgenheit spendendes Gefühl.

Während mir diese Gedanken durch den Kopf gehen, sitze ich in der

Sakramentskapelle des Freiburger Münsters. In diesem Geborgenheit ausstrahlenden Raum, der einlädt, die Seele zu Gott auszustrecken, vor IHM zur Ruhe zu kommen, einfach da zu sein und zu sein. Und in diesem Sein offen zu werden für die Begegnung mit IHM und der Welt – sprich den Menschen, und darunter in besonderer Weise einigen – und seiner ganzen Schöpfung.

Eine keusche Haltung gegenüber der Sexualität kann dazu führen, vorübergehend auf die sexuelle genitale Begegnung zu verzichten. Eine keusche Haltung gegenüber der Sexualität kann in einer anderen Situation heißen, die sexuelle Abstinenz aufzugeben und in einer Beziehung die sexuelle Begegnung erneut zu wagen. Im Verzicht auf Sexualität können sich also eine keusche Haltung und ein keusches Verhalten zeigen, die nichts mit einer negativen und abwertenden Einstellung gegenüber der Sexualität zu tun haben, sondern zur Aufwertung der Sexualität beitragen. Auf diesem Hintergrund läßt sich auch der Hinweis von Sigmund Freud verstehen, wonach die christliche Askese durch das Aufstellen von Werten (und auch Verboten), die das sexuelle Verhalten regulieren, einen positiven Beitrag für die menschliche Sexualität geleistet hat, da sie dadurch einer Banalisierung der Sexualität Einhalt geboten hat (vgl. May 1969, 84).

Keuschheit und Treue

Die Verbundenheit mit einer anderen Person, die grundsätzlicher Art ist und die man auch als Treue bezeichnen kann, mag zuweilen in Konflikt geraten mit sexuellem Verlangen, mit sexueller Lust und Vergnügen, das sich außerhalb dieser Beziehung zum Ausdruck bringen will. Die Treue, die ich einem Menschen zugesagt habe, kann sich in solchen Situationen klar und stark gegen ein solches Verlangen stellen. Hier kann mein sexuelles Verlangen an deutliche Grenzen kommen, gebremst, gestoppt werden.

Hier kann es auch wichtig sein, miteinzubeziehen, daß von jemandem sexuell angezogen zu sein, nicht notwendigerweise gleichzusetzen ist mit jemanden zu lieben. Es mag geschehen, daß die sexuelle Attraktion des Menschen, den man liebt, nachläßt, die Liebe für diesen Menschen aber bleibt. Sich in dieser Situation von der Tugend der Keuschheit leiten zu lassen, mag heißen, das sexuelle Verlangen mit dem Kontext meiner Liebes-Beziehung, meiner eingegangenen Verpflichtungen zu konfrontieren. Was heißt das für die Beziehung zu dem Menschen, dem ich meine Liebe und der mir seine Liebe versprochen hat, wenn ich mich sexuell auf eine andere Beziehung einlasse? Sich keusch verhalten kann in dieser Situation bedeuten, sich des sexuellen Angezogenseins von der anderen Person bewußt zu sein, es auch einmal bei sich zuzulassen, um dann auch damit in Berührung zu kommen, was mir mein Lebenspartner bedeutet: was ich für ihn, für sie, empfinde und was ein Ausagieren meines sexuellen Angezogenseins von einer anderen Person für unsere Liebe heißen würde. Dabei mag ich auch damit in Berührung kommen, was mir augenblicklich in meiner Liebes-Beziehung fehlt und was notwendig wäre, um in ihr wieder mehr von dem zu spüren und zu erleben, was an Wünschen sich in meinem sexuellen Angezogensein durch die andere Person regt. Der Tugend der Keuschheit zu folgen, kann hier heißen, aus meiner Liebe zu meinem Partner, aus der Tiefe unserer Verbindung heraus, aus dem nach außen hin proklamierten und von innen her mit dem Herzen gesprochenen Ja zu ihr, die Kraft zu holen, die mir hilft, der Versuchung, mich möglicherweise von ihr zu entfernen, zu widerstehen und damit mein Ja zu ihr zu bestärken. Diese Praxis einer keuschen Haltung mag mir dann auch zu dem Genuß einer Erfahrung von Freude helfen, die mir möglicherweise verwehrt bliebe, wenn ich mich anders entschieden hätte. Es ist eine Erfahrung von Freude und Glück, die, anders als das kurzlebige Aufjauchzen bei der Erfahrung sexuellen Vergnügens und sexueller Lust, mehr in die Breite und Tiefe, statt in die Höhe geht. Es ist ein tiefes Gefühl von Dankbarkeit, für all das, was mir durch meine Partnerschaft geschenkt worden ist. Es ist ein gutes Gefühl, das sich einstellt, wenn ich mir treu geblieben bin, wenn es mir gelungen ist, aus Treue und letztlich aus Liebe auf das Ausleben meines sexuellen Verlangens mit einer anderen Person zu verzichten. Es ist wie eine zärtliche Umarmung, die ich spüre als Bestärkung meiner selbst, als Gutheißung meiner selbst. Habe ich doch damit die Seite in mir gestärkt, die ich fördern, gestalten, vertiefen, vervollkommnen will.

Hier wird deutlich, wie mühevoll ein keuscher Weg sein kann. Der Tugend der Keuschheit geht es darum, unter Würdigung der Treue, ja im Dienst der Verwirklichung von Treue zu gewährleisten, daß die Sexualität den Platz hat, der ihr zukommt, sie nicht eingesperrt wird, ihre Entfaltung und Aktivierung garantiert wird. Zugleich ist die Sexualität einem Formungsprozeß ausgesetzt, der sie eingrenzt, beschneidet, ihr verunmöglicht, sich in jede Richtung zu entwickeln und zu »verwirklichen«. Das kann mit Frustrationen verbunden sein. Dies aber ermöglicht genau die Dynamik, die den Integrationsprozeß der Sexualität in dem von der Treue vorgegebenen Kontext fördert.

Auf der anderen Seite zeigt sich auch, wie tief befriedigend es sein kann, sich in diesem Sinne auf einen keuschen Weg einzulassen. Beides gehört zur Keuschheit: das Schmerzvolle und das Glückbringende. Gerade deshalb hat die Keuschheit auch eine solche Bedeutung.

Ist sie doch nicht einfach etwas Billiges und letztlich Belangloses. Sie kann auch ganz schön ins Leben und ins Fleisch der Menschen einschneiden, will sie doch etwas bewirken, zur Entfaltung und »Vervollkommnung« des Menschen beitragen.
Damit ist keine negative Aussage zur Sexualität verbunden. Die Sexualität wird dadurch nicht verteufelt oder schlecht gemacht. Vielmehr wird ihre große Bedeutung, ihr großer Stellenwert in einer Beziehung herausgestellt. Es wird etwas deutlich von ihrer Einzigartigkeit, ja von ihrer Heiligkeit, ohne sie damit in eine Sphäre zu rücken, die sie vom Menschen wegbringt, sie ent-sinnlicht, sie mit Sterilität umgibt. Die Sexualität behält etwas von ihrem Geheimnisvollen, ihr wird eine Art heiliger Raum zugestanden, der sich von dem Profanen, dem Pro-Fanum, dem, was vor dem Heiligtum liegt, unterscheidet. Ein Bereich, in den nur die erwählte Person eintreten darf, den ich nur mit ihr teile. Denn – so heißt es im Hohenlied: »Mein Freund ist mein, und ich bin sein« (Hld 2,16).

Keuscheit und Zölibat

Lange wurde Keuschheit als eine Haltung gesehen, die vornehmlich oder gar exklusiv zölibatär lebenden Menschen zugeschrieben wurde, die sich – und das vor der Öffentlichkeit und Gott – zu einem Leben der Keuschheit verpflichten. Keuschheit wurde dabei oft gleichgesetzt mit Verzicht auf Sexualität. Dazu zählte nicht nur die genitale sexuelle Beziehung, sondern alles, was mit Sexualität in Zusammenhang gebracht werden konnte, wie die Art der Kleidung, körperliche Berührung, Gedanken und Phantasien. Das führte oftmals dazu, daß der gesamte Bereich der Sinnlichkeit, des Eros und auch der Erotik zurückgedrängt, nicht zugelassen, zum Teil mit Gewalt abgeschnitten wurde. Im Grunde genommen gilt all das, was bisher über die Keuschheit und die Tugend der Keuschheit gesagt worden ist, auch für das zölibatäre Leben. Freilich muß dabei berücksichtigt werden, daß die Entscheidung, aus einer religiösen Motivation heraus ehelos zu leben, wie das für Priester und Ordensleute gilt, heißt, ohne genitale Sexualität zu leben. Deutlich wird hier aber auch, daß Keuschheit und Zölibat nicht gleichzusetzen sind, sondern Keuschheit als die Einstellung zu verstehen ist, die helfen kann, ein eheloses Leben so zu leben, daß es zum Segen des einzelnen beiträgt und im zölibatären Leben ein Ja zum Leben und zur Liebe zum Ausdruck kommt.
Wenn daher Benedict Groeschel (1985, 12) keusches Zölibat als »Vermeidung allen freiwillig herbeigeführten genitalen und vorgenitalen sexuellen Verhaltens« definiert, dann mag das eine korrekte Defini-

tion *eines* Aspektes von Zölibat sein. Die Definition geht aber völlig an dem vorbei, was hier mit keusch gemeint ist. Als Zölibatär keusch zu leben, meint nicht einfach, sich genitalen sexuellen Verhaltens zu enthalten. Es meint, dies so zu tun, daß das zum Wachstum der betreffenden Person beiträgt, sie durch eine keusche Einstellung und Verhaltensweise gegenüber dem Zölibat ihrer möglichen Fülle nähergebracht wird. So mag eine Person, die sich genitaler Sexualität enthält, zwar zölibatär, aber nicht unbedingt keusch leben. Menschen, die sich genital sexuell enthalten, das aber um den Preis einer normalen Entwicklung tun, indem sie ihre Sexualität verdrängen, den Kontakt zu Personen des anderen Geschlechtes vermeiden, bis dahin, daß sie unfähig sind zu einer echten und tiefen Begegnung mit Personen des anderen Geschlechtes, verhalten sich nicht keusch. Das gilt auch für Menschen, die im Bemühen, das sexuelle Verlangen zu zähmen, ihrer Sexualität so radikal zu Leibe rücken, daß sie ihre Sexualität im wahrsten Sinne des Wortes mit der Wurzel herausreißen, damit aber zugleich auch einer ihrer lebendigsten Quelle das Wasser entziehen, mit der Folge, daß alles Lebendige aus ihrem Leben weicht. Von einem keuschen Verhalten oder einem keuschen Zölibat kann in diesen Fällen nicht die Rede sein.

Keuschheit, das kann auch heißen, sich der Sexualität zu enthalten, genauer, auf die Erfahrungen zu verzichten, die in der Regel unter Sexualität verstanden werden. Das kann heißen, für eine bestimmte Zeit oder gar ein ganzes Leben lang auf die lustvollen, ekstatischen Erfahrungen zu verzichten, die in der sexuellen Begegnung, in der Erfahrung des Orgasmus möglich sind.

Wenn ich auf meine persönliche sexuelle Entwicklung zurückschaue, dann gab es dabei eine Phase als Jugendlicher und sogar noch im frühen Erwachsenenalter, in der ich in einer gewissen Weise in diesem Sinne keusch lebte. Es war eine Zeit, in der sich einmal mehr, einmal weniger deutlich die Sexualität rührte, sie mich aber noch nicht »gepackt« hatte. Sie hatte mich noch nicht in den Arm genommen, mich lediglich im Vorübergehen leicht berührt. Ihre Kraft und Macht, ihre Wucht, die Intensität ihrer Leidenschaft und ihre mitunter fast magische Anziehungskraft, kannte ich zu diesem Zeitpunkt noch nicht. Meine Keuschheit von damals verdient daher nur sehr eingeschränkt diese Bezeichnung. Ich wußte eigentlich gar nicht, auf was ich »verzichte«. Dazu kam, daß von meiner Erziehung her alles Sexuelle gleichsam eingehüllt war in den Mantel der Unkeuschheit. Die Sexualität hatte kaum eine Chance, ohne diesen Mantel gesehen und gewürdigt zu werden. Wenn ich das miteinbeziehe, scheint es mir noch fragwürdiger zu sein, hier von einer keuschen Einstellung zur Sexualität oder einem keuschen Verhalten zu sprechen.

Ganz anders, wenn eine Person, die ihre Sexualität spürt, ihre Leidenschaft kennt, von ihr erfaßt und umfaßt worden ist, sich entscheidet, auf die Erfahrungen, die mit der gelebten Sexualität einhergehen, zu verzichten. Und das nicht aus einer Haltung und Einstellung heraus, die darin etwas »Unkeusches« sieht, sondern in voller Würdigung der einzigartigen, wunderbaren Erfahrungen, die durch sie möglich sind, also einer Einstellung der Sexualität gegenüber, die in der Sexualität etwas Schönes, Großartiges, ganz und gar zum Menschen Gehörendes sieht. Sie verzichtet ganz bewußt darauf. Nicht daß sie sich damit abfindet, daß sie diese Erfahrungen zwar gerne hätte, aus den verschiedensten Gründen aber überhaupt nicht die Chance dazu hat. Nein! Da ist ein Mensch, der könnte das alles grundsätzlich auch erfahren, entsagt dem aber.
Ist es da nicht verständlich, wenn eine andere Person, die das mitbekommt, sich an den Kopf langt, die Welt nicht mehr versteht, zumindest aber irritiert ist? Ist das nicht zunächst eine ganz natürliche und normale Reaktion? Eine Reaktion, zu der man zunächst einmal nur sagen kann, der Betreffende hat eine gesunde, natürliche Einstellung zur Sexualität und zur sexuellen Erfahrung?
Zugleich wird deutlich: Die Person, die auf die gelebte Sexualität verzichtet, muß etwas »dagegen« halten können, das mindestens genauso wichtig, mindestens genauso mächtig, leidenschaftlich, gewaltig ist wie die Sexualität, ja etwas, das eigentlich von der Wirkkraft her noch wuchtiger, von der Bedeutung, die ihm zukommt, noch tiefgründiger sein muß, will es die Oberhand gewinnen und behalten. Es kann ja nicht sexuelles Desinteresse, ein Nicht-erkannt-Haben der Sexualität dahinterstehen. Und es kann auch nicht eine negative Einstellung zur Sexualität die treibende Kraft sein. Zumindest könnte dann nicht von einem keuschen Verhalten gesprochen werden.
Auf diesem Hintergrund wird deutlich, wie sehr die Entscheidung, aus religiösen Gründen heraus ein ganzes Leben lang zölibatär zu leben, vom ganzen Herzen abgedeckt sein muß. Es kann sich ja dabei nicht nur um eine halbherzige Entscheidung handeln. Ist diese Entscheidung nicht tief verwurzelt in etwas, das es mit der Sexualität aufnehmen kann – ohne dabei die Sexualität zu verteufeln –, wird diese Entscheidung hinweggefegt, hat sie nicht die leiseste Chance, wenn die menschliche Sexualität sich meldet, gar, wenn sie danach trachtet, ihre Leidenschaft voll zu entfalten. Nicht wenige, die sich entschieden haben, der Sexualität zu entsagen, werden von ihr mitgerissen, weil es da nichts gibt, das auf der anderen Seite ein entsprechendes Gegenstück und Gegengewicht darstellt. Dieses Gegengewicht darf nicht weniger mit dem Menschsein zu tun haben, nicht weniger darin eingewoben und verwurzelt sein als die Sexualität. Es muß etwas sein,

das vom ganzen Menschen mitgetragen wird und ihm nicht einfach aufgesetzt worden ist, ohne wirklich ein Teil von ihm zu sein.
Das Gelingen dieses Verzichtes hängt davon ab, *wofür* ich diesen Verzicht leiste. Es muß sich um etwas handeln, das es wert sein muß, das *in meinen Augen* nicht weniger Wert besitzt – und diesen Wert in sich dann auch *tatsächlich* besitzt – als die gelebte Sexualität. Ich tue das, ich verzichte darauf, zum Beispiel weil ich damit mir und anderen zeigen will, daß es etwas gibt, das über den Tod hinausgeht. Das mag für den einen dieses Gegenstück, dieses Gegengewicht sein. Oder anders gesagt, es mag jenes Gewicht für ihn haben, demgegenüber die gelebte Sexualität als Gegengewicht nicht ankommt. Um eine solche Gewichtung aber durchtragen zu können, muß es sich um *meine* Gewichtung handeln, muß ich mit Leib und Seele dahinterstehen. Diese Gewichtung muß aus meiner Mitte heraus entstanden sein. In ihr muß sich eine entscheidende Seite meines Seins zum Ausdruck bringen. Und diese Gewichtung bedarf, will ich sie durchtragen können, der ständigen Pflege und Vergegenwärtigung: Ja, *ich* will das so; darin komme ich zum Ausdruck.
All das muß umfangen sein von einer starken religiösen Kraft, einer tiefen, lebendigen Beziehung zu Gott. *ER* selbst ist jener Pol, stellt jenes im richtigen Sinne zu verstehende Gegenstück dar. Und nur im lebendigen Austausch mit IHM und der ständigen Ausrichtung auf IHN hin, im Verbundensein und Verwurzeltsein mit IHM, mag es immer wieder gelingen, auf die gelebte Sexualität aus den genannten Gründen heraus zu verzichten und in diesem Sinne keusch zu sein.
Wenn ER selbst aber dieser Pol ist, dann ist auch die Gewähr dafür gegeben, daß bei alledem die gelebte Sexualität nicht in eine Schieflage gerät. Denn so sehr ER selbst das Gegengewicht zur gelebten Sexualität darstellt bzw. die gelebte Beziehung zu ihm, kann ER natürlich genauso mächtig und lebendig in der gelebten Sexualität präsent sein. Damit können die beiden Seiten nicht gegeneinander ausgespielt werden. In beiden kann die Heiligkeit Wohnung nehmen. Beide können mit dem Himmel und der Erde verbunden sein. Und je mehr sie es sind, desto natürlicher und selbstverständlicher nehmen sie ihren jeweiligen Platz ein, behaupten ihn – zum Segen dessen, der sich auf diesen oder jenen Pol einläßt. Pole, die sich beim näheren Hinsehen als zwei Seiten des EINEN herausstellen können.

Die Keuschheit verbindet Sexualität und Spiritualität

C. G. Jung (1972, 218) sagt: »Die normale Sexualität als ein gemeinsames und scheinbar gleichgerichtetes Erleben bestärkt das Gefühl der Einheit und der Identität. Dieser Zustand wird als völlige Harmonie bezeichnet und als großes Glück gepriesen (»Ein Herz und eine Seele«); wohl mit Recht, denn die Rückkehr zu jenem anfänglichen Zustand der Unbewußtheit und der bewußtlosen Einheit ist wie eine Rückkehr in die Kindheit (daher die kindliche Geste aller Verliebten). ... Ja es ist ein echtes und nicht zu leugnendes Erleben der Gottheit, dessen Übergewalt alles Individuelle auslöscht und verschlingt. Es ist eine eigentliche Kommunion mit dem Leben und dem unpersönlichen Schicksal«.

Eine der wichtigsten und zugleich schönsten Aufgaben der Tugend der Keuscheit kann es sein, Sexualität und Spiritualität zusammenzuführen. Keuschheit kann so gesehen Sexualität und Spiritualität miteinander verbinden, ohne sie in ihrer jeweiligen Bedeutung zu schmälern. »Sie bestärkt beide« (Goergen 1979, 116). Die Keuschheit leistet damit einen wertvollen Beitrag zur Überwindung einer oft unseligen Trennung von Sexualität und Spiritualität, die über viele Jahrzehnte, vielleicht sogar Jahrhunderte viele Menschen geprägt hat und dabei zu Einstellungen und Verhaltensweisen geführt hat, die alles andere als keusch zu nennen sind. Das Gottgewollte der Sexualität herauszustellen, die spirituelle Dimension sexueller Erfahrung zu würdigen, auf die so notwendige Verbindung von Spiritualität und positiver Einstellung gegenüber unserem Leib und unserer Sexualität aufmerksam zu machen – in all dem kann die Tugend der Keuschheit zum Ausdruck kommen.

Zärtlichkeit, Berührung, die Erfahrung von Lust und Vergnügen sind in Einklang zu bringen mit der Tugend der Keuschheit. Sie stellen Erfahrungen dar, die zum Menschsein gehören, die zur Verschönerung des Lebens beitragen, die zentrale Bedürfnisse des Menschen verwirklichen und durch die auch Gottes Zärtlichkeit und Berührung zum Ausdruck kommen kann. Es sind sinnliche Erfahrungen, bei denen wir in besonderer Weise körperlich miteinander kommunizieren, körperlich angesprochen werden. Und das ist gut so. Das ist schön. Das kann etwas ganz Wunderbares sein. Zu solchen Erfahrungen fähig zu sein, diese Weise von Erfahrungen positiv zu sehen, dafür offen und empfänglich zu sein – das heißt, keusch zu sein.

Nach Bonaventura tritt Gott über unsere Sinne in unser Leben ein, er kommt uns über unsere Sinne näher. Wer eine negative Einstellung gegenüber seiner Sexualität hat, verbindet mit ihr etwas Negatives, mitunter gar Schmutziges oder Sündhaftes. Er verdunkelt und verbaut sich damit auch *eine* Weise der Begegnung mit Gott, die ihm etwas von einer ganzheitlichen Erfahrung Gottes vermitteln könnte, von der Lebendigkeit und der Sinnlichkeit, die der Begegnung mit Gott beiwohnen kann.

Radikale Keuschheit

Keusch sein kann radikale Züge annehmen, von mir etwas verlangen, das mich existentiell herausfordert, mir ins Fleisch schneidet. Keusch sein kann heißen, mich total zu hinterfragen, alles, was mir bisher etwas bedeutet hat, auch bezogen auf meine »Sexualität«, meine Potenz, mein »Ankommen« bei potentiellen Sexualpartnern und Sexualpartnerinnen, meinem daraus resultierenden Selbstwertgefühl in Frage zu stellen – sollte mir bewußt werden, daß all das lediglich eine Hülle ist, und »unter all den Dingen, mit denen ich mich bedeckt habe ... keine Substanz« (Merton 1951, 27) ist; daß ich »mich mit Erfahrungen aller Art« und mit »Weltfremden ... wie mit Wundverbänden« bedecke, »um mich mir selbst und der Welt wahrnehmbar zu machen, ganz als sei ich ein unsichtbarer Körper, der nur dadurch Gestalt gewinnen kann, daß man ihn mit etwas Sichtbarem umhüllt ... Ich bin hohl, und mein Gebäude von Vergnügungen und ehrgeizigem Streben hat kein Fundament. Ich habe mich in ihnen objektiviert ... Wenn sie verschwunden sind, bleibt von mir selbst nichts als meine Nacktheit und Leere und Hohlheit, die mir sagen, daß ich meine wahre Bestimmung verfehlt habe« (27).

Keuschheit kann dann heißen, auf sexuelle Beziehungen und sexuelle Gewohnheiten zu verzichten, sofern sie sich als »Wundverbände« erweisen, die etwa meine Minderwertigkeitsgefühle zudecken wollen, und sich als solche »Heilmittel« erweisen, die statt dem eigentlichen Schmerz und dessen eigentlicher Ursache zu Leibe zu rücken, ihn nur für einen Moment betäuben. Um des ganzen Menschen willen kann es notwendig sein, sich der Sexualität zu enthalten, auch, damit sie nicht länger von der Wirklichkeit ablenkt, diese verharmlost, sondern diese Wirklichkeit in ihrem ganzen Ausmaß sichtbar und spürbar wird.

Das ist ein sehr radikales Verständnis von Keuschheit, dem vermutlich nur wenige etwas abgewinnen können. Es kann natürlich auch nicht isoliert von anderen Prozessen gesehen werden, die hier ebenso zu berücksichtigen sind. Keuschheit ist dabei lediglich ein Element im Gesamt eines Prozesses, bei dem es darum geht, zu einer eigenen Basis, einem eigenen Fundament als Ausdruck meiner selbst, meines Selbst zu finden. Diesen Kern, dieses Sein, dem *esse*, in mir zur Entfaltung zu verhelfen, sie ausbreiten zu lassen, zu meiner Mitte werden zu lassen, um dann darauf unter anderem auch meine Sexualität, ihre Gestaltung, ihre Verwirklichung zu gründen. Sie gehört dann zu mir, ist Ausdruck von mir und sie stopft nicht die Löcher, ist nicht Lückenbüßer für ein unvollständiges oder nicht vorhandenes Fundament.

Literatur

Nobuyoshi Araki, in: Süddeutsche Zeitung, Nr. 227, 1993

Gabriell Brown, The New Celbacy, New York 1980

Eugen Drewermann, Kleriker. Psychogramm eines Ideals, Olten, 1989

Donald Goergen, Sexual Celebate, Garden City 1979

Benedict Groeschel, The Courage to be Chaste, New York 1985

Bernhard Häring, Ausweglos. Zur Pastoral bei Scheidung und Wiederverheiratung. Ein Plädoyer, Freiburg 1989

Karin Jäckel, Ehe-Paare, Bern 1994

Carl Gustav Jung, Über die Entwicklung der Persönlichkeit, Gesammelte Werke 17, Olten 1972

Sam Kien, Königreich der Liebe. Die sieben Stufen der Ekstase, Ulm 1986

Rudolf Leonhardt, Liebesrausch und Drogenfrieden, in: Die Zeit, Nr. 31, 20. Juli 94,40

Alexander Lowen, The Spirituality of the Body. Bioenergetics for Grace and Harmony, New York 1990

Albrecht Mahr, Sexualität und Spiritualität – nach der »sexuellen Befreiung«, unveröffentlichtes Manuskript, o. J.

Abraham Maslow, Motivation and Personality, New York 1970; dt. Motivation und Persönlichkeit, Reinbek 1981

Rollo May, Love and Will, New York 1969

Thomas Merton, Verheißung in der Stille, Luzern 1951

Thomas Merton, Lieben und Leben. Love and Living, Zürich 1988

Wunibald Müller, Keuschheit und die menschliche Sexualität. Ein spannungsfreies Verhältnis, in: Sozialethische Arbeitsstelle, Keuschheit – verantwortete Sexualität, Nr. 11, Hamm 1990

Fritz Tillmann (Hrsg.), Handbuch der Katholischen Sittenlehre, Düsseldorf 1950

Manfred Scheuer

Selig die Armen?!

»Ein König war krank und sagte: ›Die Hälfte des Reiches gebe ich dem, der mich gesund macht.‹ Da versammelten sich alle Weisen und überlegten, wie man den König gesund machen könne. Doch keiner wußte wie. Nur einer der Weisen sagte, daß es möglich sei, den Herrscher zu heilen. Er meinte: ›Man muß einen glücklichen Menschen ausfindig machen, dem das Hemd ausziehen und es dem König anziehen. Dann wird der König gesund.‹ Und der König schickte überall hin, daß man in seinem weiten Reich einen glücklichen Menschen suche. Aber die Beauftragten fuhren lange im ganzen Reich umher und konnten keinen Glücklichen finden. Nicht einen gab es, der zufrieden war. Wer reich war, war krank; wer gesund war, war arm; wer gesund und reich war, der hatte ein böses Weib, und bei dem und jenem stimmte es mit den Kindern nicht. Über irgend etwas beklagten sich alle. Aber einmal ging der Sohn des Königs spätabends an einer armseligen Hütte vorbei und hörte jemanden sagen: ›Gottlob, zu tun gab es heute wieder genug, satt bin ich auch und lege mich nun schlafen. Was braucht es mehr?‹ Der Königssohn freute sich, befahl seinen Dienern, diesem Menschen das Hemd auszuziehen und ihm dafür so viel Geld zu geben, wie er wolle, und das Hemd gleich dem König zu bringen. Die Diener gingen eilends zu dem glücklichen Menschen hin und wollten ihm das Hemd ausziehen. Aber der Glückliche war so arm, daß er nicht einmal ein Hemd besaß« (Leo Tolstoi). Selig, die arm sind, glücklich, die nichts haben? Sicher gibt es die Erfahrung, daß Geld allein nicht glücklich macht. Wird da aber nicht romantisch die konkrete materielle Armut theologisch und ideologisch überhöht? Werden da nicht die real Armen mit einem Trick in einen fernen Himmel vertröstet? Wird da nicht der Blick von den konkreten Gesichtern der Ausgebeuteten, Hungernden, Bettler, Süchtigen, Asylanten, Analphabeten, psychisch Kranken bewußt abgewendet? Dient da nicht die Seligpreisung der Bestätigung von Unrechtsverhältnissen, wird sie nicht zur naiven oder zynischen Komplizin eines unmenschlichen Kapitalismus, der seine eigene Kehrseite so gerne verleugnet? Werden mit dieser Seligpreisung nicht die realen Ursachen des Elends ideologisch zugedeckt? Oder ist die evangelische Armut ein Privileg bzw. ein Refugium von Extremisten, Sonderlingen und Alternativen? Wird da nicht eine lebensfeindliche, asketische Grundstimmung zum Ideal erhoben, der Lebenssaft auf-

gesogen? Haben Heilige der Armut bleiche Gesichter ohne Blut, ohne Farbe und ohne Leben? Welcher Arme ist mit der Seligpreisung gemeint? Wie schaut die Armut in der Nachfolge des armen Jesus aus?

Arm vor Gott

Matthäus spricht vom Armen im Geiste, und er meint damit den Armen als Kind Gottes, das alles von Gott empfängt. Für das christliche Leben ist damit gegen jede vorschnelle Moralisierung der Primat der Gnade, der Kontemplation und des Empfangens gesetzt. Das Wort des Lebens, daß Gott mich kennt und unbedingt liebt, kann der Mensch nicht durch Leisten, Schuften, Denken, Sollen oder Grübeln erzwingen. Er darf es sich als Geschenk sagen lassen. In diesem Sinne ist der Mensch kein geschlossenes, fertiges, in sich ruhendes Ding; er kann sich nicht in einem geschlossenen System, in Bastionen selbstgemachter Sicherheit fraglos ansiedeln. Auch eine monadisch, monologisch sich selbst setzende und verwirklichende Freiheit und Praxis ist damit aufgesprengt. Der Kerker einer starren, in sich geschlossenen und an sich selbst festhaltenden Identität wird geöffnet.
Die Armut hebt den Monolog auf und öffnet den Menschen für den Raum der Freiheit, der Begegnung und der Gnade. Der Mensch bleibt in allem ein Bettler, ein Bedürftiger, der dem je größeren Geheimnis Gottes ausgesetzt ist. So verstanden ist der arm, der sich für Gott offen hält und Gott zur Verfügung steht.
Diese Armut im Geiste wird so zum existentiellen Gegengewicht gegenüber allen Götzen und Ideologien, die ja eine endliche Wirklichkeit zum Totalprinzip des Lebens erheben. Sie wird zum Gegenpol der goldenen Kälber des Habens, des Konsums, des Geldes, aber auch gegenüber Ideologien des Fortschritts und der reinen Machbarkeit. In der Armut im Geiste stellt sich die Gottesfrage in letzter Radikalität, sie stellt vor die Alternative: Gott oder Götze.
Das Gegenteil dieser Armut im Geiste ist weniger der Reichtum als vielmehr die Hab-, Profit- und Machtgier wie auch die Selbstbeweihräucherung, der Stolz, die narzißtische Selbstbestätigung, die Inthronisation des Selbstbewußtseins, das dem Empfangen der Freiheit entkommen will. Auch Vereinnahmung und Beherrschung des Anderen widersprechen der Armut im Geiste, die eine Armut in Freiheit ist.
Armut im Geiste ist in dieser Relationalität und Transzendenz des Menschen ein Modus der Zweckfreiheit und Selbstlosigkeit der Liebe. Sie ist die Läuterung von aller Verzweckung und von aller

Tauschhaltung (›do ut des‹) in der Beziehung zu Gott und Menschen. *»Solange der Mensch mit allen seinen Werken irgend etwas sucht von all dem, was Gott zu geben vermag oder geben will, so ist er diesen Kaufleuten (im Tempel, die von Jesus vertrieben werden) gleich. Willst du der Kaufmannschaft gänzlich ledig sein, so daß dich Gott in diesem Tempel belasse, so sollst du alles, was du in allen deinen Werken vermagst, rein nur Gott zum Lobe tun und sollst davon so ungebunden bleiben, wie das Nichts ungebunden ist, das weder hier noch dort ist. Du sollst gar nichts dafür begehren. Wenn du so wirkst, dann sind deine Werke geistig und göttlich, und dann sind die Kaufleute allzumal aus dem Tempel vertrieben, und Gott ist allein darin; denn dieser Mensch hat nur Gott im Sinn. ... der ist wahrhaft frei und ledig aller Kaufmannschaft in allen seinen Werken und sucht das Seine nicht, so wie Gott ledig und frei ist in allen seinen Werken und das Seine nicht sucht«* (Meister Eckhart).

Wer arm vor Gott ist, will »Gotteserfahrung« nicht magisch erzwingen oder machen. Er begibt sich nicht auf den Jahrmarkt der religiösen Fertigprodukte. Er liebt Gott nicht nur ›wegen der Milch und wegen des Käses‹ (Meister Eckhart), also weil er ihn für seine vitalen Lebensinteressen braucht. Der arme Mensch widersteht der heimlichen Versuchung der Verdinglichung und Vergötzung Gottes. Er läßt sich Gott auch im Verborgenen, im Geringsten, in der Enttäuschung und im Entzug von Erfahrung zumuten.

Ja, die ›geistige Armut‹ und der Entzug Gottes gehören sogar zu einem geistlichen Weg dazu. Für Johannes Tauler führt der erste Grad eines inneren Tugendlebens in Gottes nächste Nähe. Der Zustand der Seele ist dabei die ›iubilatio‹. Der zweite Grad, die Armut und die Entziehung Gottes, überläßt den Menschen quälender Entblößung:

»Wenn der Mensch kein Kind mehr ist und wenn Gott ihn mit der Labung seiner Lieblichkeit gestärkt hat, dann, wahrlich, gibt man ihm gutes, hartes Roggenbrot, denn er ist ein Mann geworden und zu Tagen gekommen. Dem erwachsenen Menschen ist harte kräftige Speise nützlich und gut; er braucht keine Milch und kein (weiches) Brot mehr; nun zeigt sich ein gar wilder Weg, ganz finster und einsam; und er gerät in solche Drangsal, daß er nicht weiß, ob er je auf dem rechten Weg gewesen ist, ob es einen Gott für ihn gebe oder nicht, ob er selbst lebe oder nicht... Er hat weder irgendein Empfinden noch ein Wissen mehr von Gott, und alles andere ist ihm zuwider ... Könnte es in diesem Leben eine Hölle geben, so deuchte das solche Menschen mehr als die Hölle: lieben und des geliebten Gutes entbehren müssen... Ei nun, fasse Mut! Der Herr ist sicherlich nahebei; und halte dich an den Stamm des wahren, lebendigen Glaubens; es wird (schon) bald gut werden ...

Wenn unser Herr den Menschen so durch diese unleidliche Drangsal wohl vorbereitet hat – solches bereitet ihn mehr als alle Übungen der Frömmigkeit, ... dann kommt der Herr und hebt den Menschen auf die dritte Stufe. Und hier zieht der Herr ihm so recht den Mantel von den Augen weg und läßt ihn die Wahrheit schauen« (Johannes Tauler).

Die Mystiker beschreiben den reifen und erwachsenen Christen. Der vor Gott arme Mensch, dem auch die Erfahrung Gottes entzogen ist, kann umsonst und auch ins Leere hinein lieben. Er kann auf Gott um Gottes willen verzichten und ihn loslassen. Gerade Meister Eckhart kritisiert massiv regressive und infantile Formen der Frömmigkeit: *»Denn wahrlich, wenn einer wähnt, in Innerlichkeit, Andacht, süßer Verzückung und in besonderer Begnadung Gottes mehr zu bekommen als beim Herdfeuer oder im Stalle, so tust du nichts anders, als ob du Gott nähmest, wändest ihm einen Mantel um das Haupt und schöbest ihn unter eine Bank... Denn wer Gott in einer bestimmten Weise sucht, der nimmt die Weise und verfehlt Gott, der in der Weise verborgen ist. Wer aber Gott ohne Weise sucht, der erfaßt ihn wie er in sich selbst ist; und ein solcher Mensch lebt mit dem Sohn, und er ist das Leben selbst.«*

Armes Gebet

Gott ist ein Abenteuer, ein Wagnis, über den das Nichtwissen immer größer ist als die Erkenntnis. Als je größeres Geheimnis ist er auch der ganz Andere, dessen Freiheit nicht magisch bezwungen werden kann. Armut wahrt die gute Differenz zwischen Ich und Du, Mensch und Gott, die der Freiheit innewohnt. Armut bleibt in der Kontemplation der Andersheit Gottes und ruft Gott als Freiheit an.

»Das Gebet lebt aus dem Geheimnis der Freiheit: der Freiheit Gottes, der in Schöpfung und Menschwerdung ein anderes Dasein sich gegenübertreten läßt, um sich gerade dadurch zu vollenden, der seine Verherrlichung in die Hände des Menschen gibt und sie in ihren Mund legt – und der Freiheit dieser Menschen, denen Gott sich in seiner Freiheit anvertraut, auf deren Dasein er sich einläßt, indem sie ihre Existenz empfangen, um Frucht zu bringen, die Frucht des Lebens aus Gott. Wer betet, spricht aus dieser Freiheit und ruft Gott in seiner Freiheit an« (Gerhard Sauter).

Diese Begegnung von Freiheiten findet ihre Ausdrucksgestalt in der Bitte. Die Bitte bzw. das Bittgebet ist nicht primär Mangelbewältigung oder Demütigung. Als Weg der Freiheit ist sie der unüberholbare Modus, wie Freiheiten füreinander da sind.

Armut kann warten, sie hält den Schmerz des Andersseins Gottes aus. Sie verliert sich nicht in der vereinnahmenden Verschmelzung, sie steigt nicht auf das Podest des reinen Protestes. Armut als Modus der Begegnung von Freiheiten reduziert Gott nicht autonom oder emanzipatorisch auf die eigene monologisch mißverstandene Freiheit. Wohl gibt der Beter im Bittgebet sich selbst und seinen Bedürfnissen einen freien und ungehinderten Ausdruck. Das Bittgebet kennt keine Haltung kriecherischer Unterwerfung. Der Beter sucht Gott zu bewegen. Aber er überläßt es Gott, wie er handeln soll. Die Antwort bleibt Gott überlassen. In diesem Sinn ist der Beter arm.

Der armselige Glaube

Diese Armut ist im konkreten Vollzug nicht von vornherein der große Glanz von innen, die reine Haltung der Kontemplation, die ungehinderte Ausrichtung auf Gott, die vorbehaltlose Offenheit und Hingabe, die ungeteilte Aufmerksamkeit.
»Wenn ich bete, möchte ich aufmerksam in der Gegenwart Gottes da sein. Ich suche die Sammlung in der Wiederholung des Namens Jesu. Nach kurzer Zeit rauscht die letzte Woche in meinem Kopf. Ich sause durch die Gegend. Meine Gedanken sind bei Planungen, Reflexionen und Analysen. Erinnerungen an Streit und Unversöhntheit sind da. Ärger über frühere Vorgesetzte, Antipathie und Kritik gegenüber kirchlichen Gallionsfiguren machen sich breit. Ich finde mich in Argumenten gegenüber Gegnern, möchte es denen heimzahlen, die mir Unrecht getan haben, koste den Triumph aus, wie ich bestimmte Typen demütigen kann. Ich verspüre Lust, unerledigte Rechnungen zu begleichen und mich zu rächen.
Dann kommen sexuelle Wünsche. Frauen ziehen mich an. Ich verliebe mich und spüre eine Begierde, mit ihnen sexuelle Beziehungen einzugehen. Es gibt auch Phasen in meinen Gebetszeiten, in denen chronisch negative Gefühle wie Selbstmitleid, Minderwertigkeitsgefühle, Eifersucht, Traurigkeit, Enttäuschung, Unzufriedenheit oder Unsicherheit nicht zu vertreiben sind. In die innere Leere und in das Gefühl der Armseligkeit mischen sich Träume von Macht, wie ich es anderen hineinsage und alle mir applaudieren. Dann liste ich meine bisherigen Erfolge auf und zähle quantitativ, was ich geleistet habe. Hin und wieder ist es Ekel vor mir selbst. Auch Todessehnsüchte sind mir bei der Meditation nicht fremd.
Wenn ich dann für kurze Zeit in die Gegenwart zurückkehre und schaue, was so gewesen ist, bin ich beschämt. Mein Gebet hat wenig vorzuweisen. Und doch hoffe ich, daß im Zulassen und Loslassen der

Gedanken, Ängste und Gefühle etwas an Läuterung und Verwandlung geschieht. Erzwingen läßt sich gar nichts. Lösung und Erlösung geschieht langsam, Versöhnung mit mir selbst und mit anderen braucht Zeit. Ich möchte dranbleiben in der Hoffnung, daß in meinem Gebet Dankbarkeit, Geduld, Gelassenheit und die Bereitschaft zu Hingabe, Dienst und Lob wachsen.«

Der konkrete Glaube, auch der Apostel, ist durchwachsene Armseligkeit. Unkraut und Weizen wachsen auf dem Feld einer ehrlichen Biographie. Die Bereitschaft für Gott und sein Reich ist begleitet von Machtfragen und Hierarchiedenken. Die Bitte an Gott um das Kommen seines Reiches hat meist ihre egoistischen Beimengungen. Die Sirenen des Augenblicks werden dem Schweigen des Geheimnisses Gottes vorgezogen. Der Glaube hat den Bleifuß der Skepsis und des Nichtwollens, die Sehnsucht nach Gott wird von Müdigkeit befallen. Armut ist keine Glanzleistung oder sportliche Hochleistung vor Gott. Sie braucht die ehrliche Wahrnehmung der unterschiedlichen Kräfte und Motivationen, sie braucht die Bereitschaft zu Läuterung und Reinigung. Sie darf die Geduld des Reifens atmen. Armut läßt sich nicht durch einen Trick in Reichtum vor Gott verwandeln. Sie bleibt verbunden mit der Bedürftigkeit nach Erlösung und Verwandlung.

Johannes Tauler bringt in seinen Predigten die Überzeugung zum Ausdruck, daß auch und gerade Fehler, Schwächen und Mängel bei Gott fruchtbar werden können:

»Das Pferd macht den Mist in dem Stall, und obgleich der Mist Unsauberkeit und üblen Geruch an sich hat, so zieht doch dasselbe Pferd denselben Mist mit großer Mühe auf das Feld; und daraus wächst der edle schöne Weizen und der edle süße Wein, der niemals wüchse, wäre nicht der Mist da. Nun, dein Mist, das sind deine eigenen Mängel, die du nicht beseitigen, nicht überwinden noch ablegen kannst, die trage mit Mühe und Fleiß auf den Acker des liebreichen Willens Gottes in rechter Gelassenheit deiner selbst. Streue deinen Mist auf dieses edle Feld, daraus sprießt ohne allen Zweifel in demütiger Gelassenheit edle, wonnigliche Frucht.«

Hoffnung für die Armen

Während bei Matthäus die erste Seligpreisung den vor Gott Armen, den Armen im Geiste zugesagt wird, spricht Lukas einfach von den Armen (›Selig, ihr Armen‹), ohne daß diese Armut auf eine bestimmte Haltung hin beschränkt würde. Lukas zeigt in seinem Evangelium insgesamt eine große Sensibilität für die materiell Armen und Schwachen, für die Kleinen und Niedrigen, die Zerschlagenen und Vergessenen. Gottes Liebe gilt bei ihm vorrangig den Armen, den Hungernden und den Ausgeschlossenen. Diese Option beruht auf keiner moralischen Höherwertigkeit oder besonderen Leistung der Armen, sie wurzelt in reiner Gnade. Jesus wendet sich den Armen, den Kranken, den Kindern, den Frauen, den Aussätzigen, den an den Rand Gedrängten, den Verfolgten, den Ausgestoßenen und den Sündern zu. Ihnen gibt er das »Umsonst« der armen Liebe. Ihnen schenkt er seine Nähe und damit Hoffnung. In letzter Zuspitzung identifiziert er sich mit ihnen. Der »arme Andere« wird durch Jesus zum untrüglichen Gleichnis der Transzendenz des »absolut Anderen«.

Ist nun diese Zusage von Zukunft eine zynische Vertröstung? Ist da Gott nicht letztendlich der große Macher, der von oben herab am Ende alles richtet? Wird damit aber nicht die Geschichte menschlichen Leids zum bloßen Marionettentheater degradiert, in dem Elend und Tod nur zum Scheine und eigentlich doch nicht so schlimm waren? So meinen nicht wenige aus einer Solidarität mit den Leidenden und Opfern heraus, im Insistieren auf dem Wert und der Würde dieser Erde und dieses Lebens, eine letzte universale Vollendung verweigern zu müssen.

Zunächst kann man das Argument auch umdrehen. Ist es weniger zynisch, unter dem Vorzeichen der Solidarität die Armen in alle Ewigkeit arm, die Erschlagenen erschlagen, die Vergessenen vergessen, die Opfer für immer besiegt, die Toten tot sein zu lassen? Wird da nicht unter dem Schein von Humanität das Unrecht der in der Geschichte Siegreichen inthronisiert und der Tod als absoluter Herr eingesetzt? Solidarität und Kommunikation mit den Armen, Erschlagenen, Opfern und Toten läßt sich nur in der Hoffnung auf Gott durchhalten, der mit diesen etwas anfangen kann. Ohne diese Hoffnung würde an einem bestimmten Punkt die Solidarität aufgekündigt. In den Seligpreisungen wird den Armen von Jesus letzte Hoffnung, Sinn und Glück zugesagt.

Freilich haftet einer solchen Hoffnung, wenn schon nicht der Vorwurf der falschen Vertröstung, so doch das Vorzeichen des Triumphalismus an, in dem Gott das Leid doch nicht ganz ernst nimmt und von oben herab etwas kittet, was innergeschichtlich nicht zu lösen ist. Sören Kierkegaard hat diese Spannung zwischen Theodizeeproblem und Hoffnung auf Rettung scharf erkannt. Er versucht eine dichterische Annäherung:

Ein König liebt ein Mädchen niederen Standes. In ihm erwacht die Sorge, ob wohl das Mädchen dabei glücklich werden würde, ob es den Freimut gewinnen würde, sich niemals dessen zu erinnern, nämlich, daß er der König sei und sie ein Mädchen niederen Standes gewesen sei. Analog dazu ist es die Sorge Gottes, die Gleichheit mit dem Menschen zuwege zu bringen. Ohne diese Gleichheit bleibt die Liebe unglücklich. Die Einheit und Gleichheit ist nicht durch ein Emporsteigen des Menschen zuwege zu bringen, sie muß durch ein Herabsteigen versucht werden. Gott muß dem Geringsten gleich werden. Der Geringste ist aber der, wer andern dienen muß, also wird sich der Gott in der Gestalt des Knechtes zeigen. Es ist die Allmacht der beschließenden Liebe, das zu vermögen. So steht denn Gott auf der Erde, durch seine allmächtige Liebe dem Geringsten gleich. Die Knechtsgestalt war keine angenommene, sondern seine wahre Gestalt.

»Deshalb muß Gott alles leiden, alles dulden, in der Wüste hungern, in Qualen dursten, im Tode verlassen sein, absolut dem Geringsten gleich – sehet, welch ein Mensch; denn nicht das Leiden des Todes ist sein Leiden, sondern dies ganze Leben ist ja eine Leidensgeschichte, und es ist die Liebe, die leidet, die Liebe, die alles gibt und die selbst Mangel leidet... Jede andere Offenbarung wäre für die Liebe Gottes ein Betrug.«

Gottes Armut in der Liebe und Gottes Identifizierung mit den Armen stehen somit gegen alle imperialistischen und triumphalistischen Absolutheitsansprüche. Das spezifisch Christliche und zugleich seine universale Bedeutsamkeit wurzeln in der Gegenwart Jesu im Geringsten. Alles andere wäre für die Hoffnung ein Betrug. In Jesus setzt sich Gott der Ohnmacht der Freiheit aus und wird selbst ein Armer, ein Bittender.

Perspektiven und Konkretionen

Armut im Sinne des Evangeliums kann nie nur »im Geiste« und bloß innerlich sein. Sie muß sich in einer Lebensform verleiblichen. Die Konkretion wird je nach persönlicher, gesellschaftlicher und kirchlicher Situation sehr unterschiedlich ausschauen. Jede biographische und geschichtliche Stunde bringt neue und jeweils andere Herausforderungen und Profilierungen der Armut mit sich. So kann der Akzent z.B. auf einem einfachen Lebensstil und Askese (als Protest gegen den Konsumismus oder gegen die ökologische Zerstörung), auf der Solidarität mit den sozial Schwachen (als Gegenpol zum Recht der Stärkeren, zu Erfolgs- und Siegermentalitäten) oder in der Gütergemeinschaft (als Gegengewicht zum postmodernen Individualismus) liegen.

Armut als Bodennähe

»Arm ist der Mensch, wenn er an seine Grenzen gerät und die Endlichkeit und Kontingenz seines Daseins erfährt. Der Spielraum seiner Freiheit ist gering und wird bis zum Tod immer geringer« (Erich und Veronika Ortner).

In der konkreten Lebenswelt ist Armut zunächst als Begriff negativ besetzt. Sie ist verbunden mit Erfahrungen der Hilflosigkeit in Konflikten und Spannungen z.B. zwischen den Generationen, Erfahrungen, die mit Wut und Haß, Ohnmacht und auch Isolation verbunden sind.

Ältere Menschen haben Schwierigkeiten mit dem Abschied, dem Loslassen oder sind auf Lebensweisen fixiert, die eine massive Last für andere bedeuten. Sie können oder wollen sich nicht helfen lassen. Projektionen und Schuldzuweisungen stehen dann die Kinder hilflos gegenüber. Das konkrete Sogewordensein erfüllt mit Schmerz und Trauer. Die Kriegsgeneration war in der Nachkriegszeit stark auf den materiellen Aufbau konzentriert. Eher selten gab es eine Kultur der Beziehung.

Neben der materiellen Kargheit ist es die Zuwendungskargheit wie auch die Roheit der Formen, die sich in eine Biographie eingravieren. Durch prägende Bezugspersonen wie Eltern, Geschwister oder Lehrer wurden teilweise auch massive Grenzen gezogen.

Trauer und Schmerz bereiten auch die Reduktionen auf das Mögliche. In einem Leben kann von den vielen Möglichkeiten nur ein Bruchteil verwirklicht werden. Auch das zunehmende Schwinden der Ideale, die Verflachung des Lebenshorizontes ist Armut, die schmerzt. Kinder entgleiten: sie wählen andere Sinnhorizonte, andere ethische Ausrichtungen, andere Lebensformen. Auf diese Weisen der Armut als Charakteristikum der menschlichen Endlichkeit reagieren Menschen in mehrfacher Weise: mit Abstumpfung, Gleichgültigkeit, Sucht, Überheblichkeit, Zynismus, Verachtung...

Der Christ sucht zu glauben, daß die Widrigkeiten und Beschränkungen nicht das Letzte sind, sondern offen für Annahme, Erlösung und Verwandlung. Das konkrete Leben mit seinen Begrenzungen wird nicht zuerst als Fluch, als Vergatterung und Verdammung (ich schicke meine Eintrittskarte zurück) verweigert. In der Erinnerung und in der Hoffnung lebt das gute Vertrauen, daß dieses konkrete arme Leben aus dem überfließenden Reichtum Gottes kommt und in ihm Sinn und Ziel hat. Hier verliert die Endlichkeit, die Kontingenz, die Armut ihr schicksalhaftes und zwanghaftes Moment.

Im Geist der evangelischen Armut gilt es, den Humus der eigenen Lebens- und Berufungsgeschichte anzunehmen. Die Annahme des konkreten Selbstseins ist ein wichtiger Aspekt christlichen Glaubens: »*Du sollst dein dir angebotenes und aufgetragenes Menschsein liebend annehmen und ihm nicht zu entrinnen trachten! Du sollst dir selbst treu sein! Du sollst dich zu dir selbst bekennen*« (J. B. Metz). Diese Annahme der oft schmerzlichen endlichen Bedingungen und auch die Verwandlung in das Leben Gottes hinein ist nicht menschliche Leistung oder ein Postulat der Moral. Sie lassen sich nicht erzwingen.

Bei den meisten Menschen ist es – so Th. W. Adorno – eine Unverschämtheit, wenn sie »Ich« sagen: »Über ihrer Ichlosigkeit wacht die heraufziehende Generation so eifersüchtig wie über wenigen ihrer Güter als einem gemeinsamen und dauernden Besitz.« Wohl wird seit Jahrzehnten von Subjektivität, Identitätsbildung und auch Selbstverwirklichung gesprochen. Und doch haben viele eine riesige Angst vor dem Ich, sie gehen auf im Man, in der Rolle, sie schwimmen in der Masse mit. Als Man lebe ich aber immer schon unter der unauffälligen Herrschaft der anderen. »Jeder ist der Andere und keiner er selbst. Das Man ist das Niemand« (Martin Heidegger). Die Kehrseite der fixierten Suche nach sich selbst, der Schatten einer idealistischen Selbstverwirklichung ist die neurotische Flucht vor sich selbst. S. Kierkegaard spricht von der Krankheit zum Tode. Er meint damit die Verzweiflung dem Leben gegenüber und die Fixierung auf den Tod. Er nennt zwei Möglichkeiten der Verzweiflung: die, nicht man selbst sein zu wollen, und jene, ausdrücklich und verbohrt man selbst sein zu wollen. »Sünde ist: daß der Mensch vor Gott verzweifelt nicht er selbst sein will oder daß er vor Gott verzweifelt er selbst sein will.« Die Verzweiflung, nicht selbst sein zu wollen, wird sehr unterschiedlich gelebt: Der Mensch ist vielleicht unbewußt auf der Flucht, z.B. in Utopien oder Träumen, die an der Realität vorbeigehen, sei es als reiner Möglichkeitsmensch (»Ulrich« im »Mann ohne Eigenschaften« bei Robert Musil) und in der reinen Offenheit, die sich nicht festlegen kann, sei es in realistischer Borniertheit, die alle Träume und Möglichkeiten verleugnet, oder auch in ideologischer Fixiertheit, die keine Toleranz und keine Weite mehr zuläßt. Auch eine Kritik vom Standpunkt der Standpunktlosigkeit aus, bei der man gegen alles und jedes etwas einzuwenden hat, ist Verweigerung des Selbstseins und Flucht vor dem konkreten Leben.

Bei dieser Flucht vor dem konkreten Leben, kein Selbst sein zu wollen, wird das Niederhalten der Wahrheit zum bewußten Programm. Man ist sich in Wahrheit nicht gut. Aus einem Ressentiment sich selbst gegenüber entspringt das Ressentiment und der Zynismus gegen andere. Jegliches Wollen wird verdächtigt und entlarvt. Auch jeder moralische Anspruch gilt als unzumutbar. Ideologiekritik aus

diesem Geist heraus hat nur noch Interesse am Sezieren der Leiche des Gegners.
Das meint Kierkegaard mit der Verzweiflung über das Irdische. Menschliches Leben als solches, Endlichkeit als solche ist Verzweiflung, ist tragisch, ist ein Unglück. Es gilt als Gemeinheit, leben zu müssen. Vorherrschendes Lebensgefühl wird nach dem bloßen Protest die »acedia«: Verlassenheits- und Minderwertigkeitsgefühle, Langeweile und Betrübnis, Gelähmtsein und Müdigkeit, Mattigkeit und Lustlosigkeit, Unzufriedenheit mit der Arbeit und mit sich selbst schleichen sich ein. Innerliches Schimpfen, Jammern, Selbstmitleid, Neid und Groll machen sich breit. Alles wird in Frage gestellt. Auch Müßigkeit, Abstumpfung, Schläfrigkeit, Umherschweifen, Schwatzhaftigkeit und Neugier, Unruhe, Rücksichtslosigkeit, körperliche und geistige Unstetigkeit hängen eng mit der acedia zusammen.
Die Verzweiflung liegt wohl am Irdischen, aber mehr noch am Ewigen, nämlich an der Unmöglichkeit, es je zu erreichen. Die Verzweiflung als Fluchtgestalt kennt kein Vertrauen und keine Vertrauten, sie ist verschlossen. Solche quälend-verquälte Verschlossenheit kennzeichnet das Dämonische. In der Verweigerung der Endlichkeit, die zugleich ein bleibender Trotz und Protest gegenüber Gott ist, wird auch jede Versöhnung und Erlösung verweigert, um eine bleibende Anklage gegen den Herrn der Welt zu bilden.
Mit der evangelischen Armut als Grundhaltung kann der Mensch positiv mit der eigenen Endlichkeit, Begrenztheit, Kreatürlichkeit leben. Sie wehrt der titanischen Versuchung zu einer falschen Ganzheitlichkeit, der Versuchung zur Flucht und zur Rebellion aus der Enge des Lebens. Dazu gehört auch ein versöhntes Verhältnis zur eigenen Biographie mit der Herkunft, mit den Prägungen durch andere, mit den Grenzen, die durch eigene Entscheidungen gezogen wurden.
»Rabbi Sussja lehrte: ›Gott sprach zu Abraham: Geh aus deinem Land, aus deinem Geburtsort, aus dem Haus deines Vaters in das Land, das ich dir zeigen werde. Gott spricht zum Menschen: Zuvorderst geh aus deinem Land – aus der Trübung, die du dir selber angetan hast. Sodann aus deinem Geburtsort – aus der Trübung, die deine Mutter dir angetan hat. Danach aus deinem Vaterhaus – aus der Trübung, die dein Vater dir angetan hat. Nun erst vermagst du in das Land zu gehen, das ich dir zeigen werde« (Martin Buber, Die Erzählungen der Chassidim).
Die Verweigerung der Versöhnung mit sich selbst, mit eigenen Entscheidungen, die Unfähigkeit zur Annahme der eigenen Grenzen, der Enttäuschungen, der Erfolglosigkeit, der Wunden und Verzichte, die Weigerung, der eigenen Armut wahrhaft ins Gesicht zu schauen, die

Aggression gegenüber der eigenen Herkunft, das Ressentiment gegenüber dem Leben insgesamt, das Gefühl, immer zu kurz gekommen zu sein, zersetzen das eigene Leben, zerstören Freude und Aufmerksamkeit und damit die Fähigkeit zu Begegnung und Beziehung. Armut als positive Grundhaltung kann das Geschenk, aber auch die Last der Herkunft und des konkreten Gewordenseins annehmen; sie läßt die Möglichkeiten realisieren, die sich eröffnen, sie kann aber auch mit den Grenzen leben, die andere gezogen haben. Sie ermöglicht die Hinwendung zu den konkreten Menschen, die durch Ehe, Familie, Beruf und Alltagswelt gegeben und aufgetragen sind. Diese konkreten Menschen sind nie idealistische Gespenster. Sie haben ihre Ecken und Kanten. Sie passen nicht einfach in eigene Wunschvorstellungen und Projektionen. Sie durchkreuzen Wünsche und Ziele. Sie sind auch eine Zumutung, die Verzicht, Enttäuschung und Leiden mit sich bringen kann. Wer sich dem verweigert, wer selektiv nach den eigenen Glücksvorstellungen auswählt, wer sich alle Möglichkeiten offenhalten will, wer mit einem Trick das Leid überfliegen will, der verarmt und verkarstet. Auch für den konkreten Alltag gilt: »Wenn das Weizenkorn nicht in die Erde fällt und stirbt, bleibt es allein; wenn es aber stirbt, bringt es reiche Frucht« (Joh 12,24).

Nazaret

Die Generation der 68er hatte ein hohes Problembewußtsein gegenüber Leid und Entfremdung in der Gesellschaft. Nicht immer fand man im allgemeinen Verblendungszusammenhang die Schönheit und Kostbarkeit des Lebens. Aus der Angst, als naiv und unkritisch zu gelten, entsprang als vorherrschende existentielle Regung das Nein. Ein Nein, das ein Kind des Moralismus ist, liefert auf Dauer jedoch an eine überernste und depressive Stimmung aus. Viele Nein-Sager haben keinen Humor, sie können nicht über sich selbst lachen, sie sind kampfwütig verbissen. Ein kritisches Nein ohne Zustimmung zu sich selbst, ohne Lebensfreude treibt in die Bitterkeit, in den Hochmut, in die Isolation, in den Rigorismus.
Inzwischen hat sich das Blatt gewendet. Man ist zu Recht skeptisch gegenüber Miesmachern. Theologisch wird wieder stärker hervorgehoben, daß Gott ein Freund des Lebens ist (Weish 11,26), daß Jesus gekommen ist, damit wir Leben in Fülle haben (Joh 10,10). Die Suche nach Lebensbejahung und Lebensfreude hat aber auch ihre Kehrseite, ihre blinden Flecken. Soziologen sprechen von der »Erlebnisgesellschaft« (G. Schulze), die ihre materiellen Voraussetzungen im Übergang von der Knappheit zum Überfluß hat. »Erlebe dein

Leben« ist der Appell unserer Zeit. Vital, life, bios sind in Mode und in der Werbung. Man will das »volle Leben« rekonstruieren, man sucht nach »mehr Leben«, nach dem wirklichen Leben, nach einem intensiveren Leben durch Konsum, Kunst, Erotik, Reisen, Körperbewußtsein (Schönheit, Sport) oder auch Selbsterfahrungskurse. Teilweise werden Ersatztranszendenzen gesucht: Tourismus soll die Erfahrungswelt erweitern, Drogen die Grenzen des Alltäglichen sprengen. Kunst wird teilweise zum Religionsersatz, der Museumsbesuch zum Gottesdienst, die Musik zum Kult.

Eine Dimension dieser Erlebnisgesellschaft ist die Ästhetisierung des Alltags. Alles muß dem Grauton entrissen und verchromt, verglast, durchgestylt werden. Das braucht aber eine ständige Abwechslung und Steigerung. Sonst würden sich Gewöhnung und Gewöhnlichkeit breit machen. Immer neue und intensivere Erlebnisangebote sind auf dem Markt.

Der Hunger nach dem je Neuen und die Suche nach Erlebnissen sind aber verführbar. Es gibt sehr wohl die Korruption von Gefühlen. Auch Gewalt, Katastrophen und Kriege werden für die Sucht nach Abwechslung und Erlebnis ausgebeutet. Dabei ist es gleichgültig, wodurch das Erlebnis vermittelt wird. Charakteristisch für diese Gleichwertigkeit und Gleichgültigkeit ist das belanglose »Und« der Medien: auf Sektreklame folgt Krieg, auf den Bericht über Folterungen Werbung für süße Schokolade. Abwechslung ist alles.

Die Konsequenzen davon sind soziales Desinteresse und auch Abstumpfung. In zwischenmenschlichen Bereichen machen sich zunehmend Anteilnahmslosigkeit, Verarmung in Kontakten, Berührungstabus gegenüber allem, was nach Schmerz, Leid, Trauer, Krankheit, Alter und Tod riecht, breit. Von einem hedonistisch gefärbten Egoismus werden Ungerechtigkeiten und Ungleichheiten achselzuckend zur Kenntnis genommen.

Charles de Foucauld will Jesu Leben in Nazaret nachahmen. Darunter versteht er Jesu verborgenes Leben, die bescheidene handwerkliche Arbeit, die Zurückgezogenheit, das Schweigen, das Unverstandensein, die Krankheit, die Erniedrigung und die Armut, aber auch die Anbetung und die Nachtwachen im Gebet. Nazaret ist das Symbol für die Gewöhnlichkeit des Lebens, die nicht ständig nach Sensationen, nach dem Applaus der Öffentlichkeit, nach Karriere und nach je Neuem aus sein muß. Nazaret steht für die Treue im Kleinen und Verborgenen. In dieser Alltäglichkeit stecken viele Sackgassen, viel Vergeblichkeit und Mühe, der nicht durch Flucht und Ungeduld zu entkommen ist. Nazaret ist ein Gegenpol zu einem holistischen Ganzheitswahn, in dem der Mensch alles sein will, dabei aber den Boden unter den Füßen verliert.

Innere Freiheit und Sucht

Sucht, Abhängigkeit, Fixierung und Verfallenheit sind meist eine Selbstfindungsgefahr im Kontext der Lebensaufgaben zwischen 25 und 35 Jahren. Sucht ist grundsätzlich eine Möglichkeit für jeden Menschen. Jeder muß sich auf alltägliche Rollen und Umstände einlassen, die zwar Halt und auch Sicherheit schenken, aber irgendwie zu wenig sind und zu kurz greifen. In jedem Menschen steckt die Sehnsucht, die Grenzen des alltäglichen Lebens zu sprengen und so voraussetzungslos frei und unabhängig zu sein. Diese Sehnsucht führt zum Wunsch nach Rausch, Ekstase, Maßlosigkeit und Identität. Wie sieht die Landschaft des süchtigen, abhängigen Weges aus? Es ist zum einen die Ausblendung des Negativen. Eigentlich sollte es nicht sein. Armut, Mängel und Grenzen, Schmerz, Scheitern, Angst, Leiden, Unberechenbares, das Verwiesensein auf die Gnade anderer können und müssen wegorganisiert werden. Das Schlaraffenland, das Paradies muß jetzt verwirklicht werden. »Ich will dich haben, und zwar sofort.« Es ist der Traum von einer Total-Lösung. Das Absolute ist hier und jetzt zu verwirklichen.

Sucht ist Konsumismus im Absoluten. Geduld und Zuwarten, Zufriedenheit mit dem Vorläufigen, »vernünftiges« Nachdenken, schmerzhafte, anstrengende und einschränkende Kompromisse werden verweigert. Das Sisyphus-Scheitern macht nichts aus. Es bleiben aber Lücken. Diese Lücken werden mit äußeren Mitteln gefüllt: mit vermehrtem Essen (Völlerei), mit Alkohol, mit Medikamenten oder Drogen. Auch das Anhäufen von Besitz kann zur Sucht werden (Kaufrausch, Habsucht). Immer sind es die Gedanken: Du hast nicht genug, du mußt dich schadlos halten. Du mußt mehr arbeiten und Geld verdienen (Arbeitssucht). Auch die Animier- und Hobbykultur will der kargen Endlichkeit entkommen. Wieder andere müssen sich ständig neugierig mit neuen Themen füllen, um dem Nichts zu entkommen. Eifersucht fixiert auf einen Partner. Sucht ist gekennzeichnet durch Maßlosigkeit. Viele Abhängigkeiten und Süchte sind sozial erlaubt, gehören zum guten Ton und stabilisieren einen falschen Gesellschaftszustand.

Die Gesellschaft hat für süchtige Menschen viele Erklärungen und auch manche Schimpfwortarsenale parat: es sind oral fixierte, regredierende, ich-schwache, passive, narzißtisch-verletzbare, verzichtunfähige, unersättliche, abhängig-depressive, sexuell ängstlich gehemmte, sich mit der Geschlechterrolle nicht wohlfühlende Persönlichkeiten. Häufig kommen sie aus gestörten und unvollständigen Familien. Sie erlebten eine unberechenbare Schaukelerziehung zwischen einer verwöhnenden Mutter und einem abhängig-schwachen, brutalen oder abwesendem Vater. Die konkreten Biographien lassen sich jedoch nicht auf Erklärungen, Muster und Schablonen reduzieren.

»Mein Name ist Günther und ich bin Alkoholiker... Am 21. Juni 1966 hatte ich einen schweren Unfall. Als Reitlehrer wurde ich von einem Pferd in den Bauch getreten. Neun Operationen waren die Folge. In meinem Beruf wurde ich nicht mehr gebraucht. Der Niedergang begann. Ich fand keine geeignete Arbeit. Ich fühlte mich von einem Kreis Arbeitsloser angezogen und auch angenommen. In dieser Umgebung konnte ich mich ausreden und fühlte mich wohl und glücklich. Als Lediger und Einzelgänger hatte ich da immer Probleme. Leider begann damit für mich auch der soziale Abstieg. Ich bildete mir ein, keine Chance mehr zu haben, um in ein ordentliches Lebensverhältnis einzusteigen. Ich suchte immer mehr Kontakt zu meinen Saufkumpanen und trank mit den Leuten mit. Am 12. 1. 1967 hatte ich meinen ersten Vollrausch und wurde in die Psychiatrie eingeliefert. Eine grausliche Zeit zwischen Psychiatrie und Straße begann. Es dauerte fast acht Jahre, bis ich mich bereit erklärte, einmal etwas dagegen zu tun, um aus dem Teufelskreis zu entkommen. Bei einem Benediktiner hatte ich wöchentlich ein oft recht hartes Gespräch. Eine Zeit lang trank ich nichts, aber es sollte bald wieder anders kommen. Ich mußte dreimal an Magen, Galle und Bauchspeicheldrüse operiert werden. Im Anschluß an die Operation ging ich auf eine Entwöhnungskur, die mir aber nichts einbrachte. Ich schlitterte noch tiefer hinein. Nach trockenen Phasen kamen immer wieder Rückfälle. Am linken Vorfuß bekam ich Polineuropathie. Der Alkohol hatte mein Nervensystem schon fast zerstört. Diese Schmerzen kann ich nicht beschreiben. Nebenbei bekam ich Geschwüre im Darm. Seit Januar 1985 bin ich in der Frührente. Ab dieser Zeit war ich ein Quartaltrinker. Ich versuchte wohl alles, um vom Alkohol wegzukommen, machte auch eine Therapie, aber es schien alles umsonst zu sein. Ein gewisser Wandel begann 1989, als ich in ein Kloster kam. Da ich immer schon ein gläubiger Mensch war, versuchte ich zu beten und alle meine Sorgen und Probleme in die Hände Gottes zu legen. Nach einem schweren Rückfall am 23. 5. 1992 sagte ich mir: Was ich gelitten habe, reicht; ab heute trinke ich keinen Tropfen mehr. Heute bin ich seit zweieinhalb Jahren trocken und fühle mich gesundheitlich nicht so schlecht. Gebet und Arbeit helfen mir, trocken zu bleiben. Der Alkohol lauert überall. Ich weiß auch, daß ich mein Leben lang ein trockener Alkoholiker bleibe.«

Der Weg der Sucht führt zur Weltflucht. Süchtige sind – und das ist meistens kein moralisches Problem – Deserteure von der Realität. Dieser Weg der Sucht, der Abhängigkeit und der Fixierung ist gewalt-

tätig gegen sich und gegen andere: Körperkrankheiten, sozialer Ruin, Suizid, Verkehrsunfälle, Straftaten sind nicht selten die Folge. Das Hauptschlachtfeld dieses gnadenlosen Kampfes sind meist die Partnerbeziehung und die Familie.
Wer nicht arm sein kann, wer nicht warten kann, wer nicht dynamisch seine Grenzen annehmen kann, wer sein eigenes Leben nicht annimmt, der muß ständig auf der Flucht sein und wird süchtig. Wer nicht arm sein kann, zerstört das eigene Leben und das Leben anderer. Armut wohnt positiv der Freiheit, der Gelassenheit und der Geduld inne.

Das »Haben« und die Armut

Eine Form menschlicher Sklaverei ist die Gier nach materiellen Gütern, die Verfallenheit an das »Haben«. In der Existenzweise des Habens ist der Mensch durch den Besitz definiert: »Das Subjekt bin nicht ich selbst, sondern ich bin, was ich habe« (Erich Fromm).
Die Suche, sich in der gegenständlichen Sphäre des Habens selbst zu bestätigen, wurzelt im Versuch, die eigene Identität selbst zu sichern und dem Empfangen der Freiheit zu entkommen. Zur Phänomenologie des Habens gehört die Hoffnung, sich vom »Mehr« des Besitzes die Erfüllung des Lebens zu versprechen. In der Fixierung und in der Verfallenheit an die Herrschaft der Sachen bleibt der Innenraum des Menschen jedoch leer und unbejaht. Das Bewußtsein wird verdinglicht. Im »Haben« gibt es keine lebendigen Beziehungen. Beziehungen gestalten sich auf bloßer Tauschbasis und verkommen zum Geschäft. Die Verdinglichung des Bewußtseins vollzieht sich auch in der Utopie der Selbsterzeugung des Menschen durch Arbeit. Auch Fortschritts- und Wachstumsideologien, auch die Suche nach eindeutigem und beherrschbarem Wissen verfehlt die Wir-Gestalt der Freiheit.
Die Verwirklichung menschlicher Freiheit ist nur in Beziehung möglich. Ohne Armut gibt es kein Empfangen. Beziehung vollzieht sich in einem lebendigen Fluß von Empfangen und Geben, von Mitteilung und Selbstbesitz, von Armut und Fülle.
»Unsere wirtschaftliche Situation ist recht gut. Hier von Armut zu sprechen, wäre Zynismus. Ich möchte eher von einem bewußten Umgang mit finanziellen Möglichkeiten sprechen, bei denen es sicher vorgegebene oder selbst auferlegte Grenzen gibt. Wichtig ist uns eine Werthierarchie als Orientierung. Bei dieser soll genug Zeit für die Kinder, für die Beziehung und für Stille bleiben. Die Erwerbsarbeit darf über einen längeren Zeitraum hin gesehen kein familienfeindli-

ches Ausmaß erreichen, und es soll Zeit für unbezahltes Engagement bleiben. Immer wieder ist die Versuchung groß, durch zusätzliche Arbeit das Familieneinkommen zu erhöhen, um sich »übliche« Standards leisten zu können, z.B. ein eigenes Haus.
Eine Aussage von Roger Schutz ist für uns eine Herausforderung: Es ist ein Unrecht gegenüber der gesamten Menschheitsfamilie, für die Nachkommen zu horten, wenn dadurch keine Solidarität, kein Teilen im Hier und Jetzt mehr möglich ist.
Es ist nicht zu jeder Zeit klar, was wichtig und notwendig ist. Das »Haben« wird schnell zum Trost, wenn anderes nicht so läuft, wie Mann und Frau es sich vorstellen. Der Zeitgeist unterstützt das »Haben-Wollen«, die Maxime lautet: »Hol das meiste heraus.« Oder: »Es ist immer gut, mehr zu haben, als man braucht!« Die Lebenswelt, die Slogans, der Alltag, die herrschenden Meinungen lassen die innere Ausrichtung mit den Zielen und Werten rasch versanden. Daher ist immer wieder Zeit für eine Neuorientierung notwendig« (Maria und Otto H.).
Bei dieser Dimension der Armut geht es um keine Verteufelung des Besitzes und der Güter an sich. Es ist auch kein Ressentiment gegenüber jenen gemeint, die mehr haben. Schon gar nicht ist die Armut eine Gleichung für die Knauserigkeit, die sich selbst und anderen nichts gönnt. Der Besitztrieb, der in sich weder gut noch böse ist, soll zur Energiequelle der Gottes- und Nächstenliebe werden und vom Haben-Wollen zum Sein-Wollen gewandelt werden. Der evangelische Rat der Armut strebt den Abschied von Kultobjekten an, die insgeheim vergötzt werden und versklaven: Geld, Auto, Computer, Bücher, Fernseher, Privilegien. Beim »Haben, als hätte ich nicht« (1 Kor 7,30f), d.h. bei der inneren Freiheit und Gelassenheit soll deutlich werden, daß Fähigkeiten, Kräfte, Besitz u.ä. auf das Lob Gottes und das Heil der anderen hin ausgerichtet sind.
Das Evangelium ist nicht neutral gegenüber der Automarke, der Kapitalanlage, gegenüber Privilegien in Kirche und Gesellschaft, gegenüber dem Standard von Wohnung, Kleidung oder Urlaub. Die Armut des Evangeliums ist nie bloß innerlich oder nur »im Geiste«. Armut als »Protest gegen die Diktatur des Habens, des Besitzens und der reinen Selbstbehauptung ... drängt in die praktische Nähe mit jenen Armen, für die Armut gerade keine Tugend, sondern Lebenssituation und gesellschaftliche Zumutung ist« (J. B. Metz). Es geht um die Fähigkeit des Teilens der materiellen, kulturellen, beruflichen, geistigen und geistlichen Güter und Gaben.
Dieses Teilen kann z.B. darin konkret werden, daß ich die Summe einer mir lieben Anschaffung (Bücher, Fernseher, Reise, Bau...) in Gedanken verdopple und mich dann frage, ob ich bereit bin, den

doppelten Preis zu bezahlen. Wenn ja, verfahre man so: Man zahle den Betrag für die Anschaffung und gebe ebensoviel einem konkreten Menschen in Not oder einer Hilfsorganisation für soziale Zwecke.
Eine andere Anregung zur praktischen Solidarität mit Armen knüpft an Lk 16, 19-31, an das Beispiel vom reichen Prasser und vom armen Lazarus an. Gibt es einen konkreten Lazarus vor meiner Tür und wie behandle ich ihn? (Behinderte, Arbeitslose, physisch und psychisch Kranke, Alte ...) Keiner ist einfach für alle und alles auf der Welt verantwortlich. In irgendeiner Form sollte es aber für jeden Christen eine »Tuchfühlung« mit Armen geben. Wenn sich einer gegen jede psychische und physische Not immunisiert, wenn einer keine Armen kennt, wenn er nie Anteil nimmt am Elend von Menschen, so ist bei ihm etwas faul.

Armut in Beziehungen

Auch in menschlicher Kommunikation ist der Mensch arm, d.h. verwiesen und bedürftig auf den anderen hin. »Der Mensch wird am Du zum Ich, alles wirkliche Leben ist Begegnung« (Martin Buber). Ein Mensch wird nur durch den anderen zum Menschen. In der Armut im Geist wird diese Differenz zwischen Ich und Du als Raum der Freiheit ausgehalten und nicht selbst- bzw. gewalttätig geschlossen. So ist sie die innere Form der Ich-Du-Wir Gestalt menschlicher Freiheit.
Menschliche Selbstverwirklichung und Identität realisiert sich nur in Gemeinschaft, durch Anerkennung durch andere und in Solidarität mit anderen. Wohl ist dabei zu unterstreichen, daß der Mensch weder der Nur-Reiche noch der Nur-Arme ist. Wenn der Mensch nicht arm, d.h. bedürftig und empfangend sein kann und nur reich, stark und unverwundbar sein will, gerät er in die größte Armseligkeit. Werden die Beziehungen nur als sekundär und akzidentiell, als Vorhof der eigentlichen Freiheit und Identität gesehen, werden sie zum Hobby der einen und zur Willkür der anderen.
Eine Sackgasse ist es auf jeden Fall, wenn Beziehungen und Bindungen von vornherein als entfremdend gewertet werden, wenn Gnade als Bedrohung, wenn Verdanken unter einem rein negativen Vorzeichen steht: »Ein Wesen gibt sich erst als selbständiges, sobald es auf eigenen Füßen steht, und es steht erst auf eigenen Füßen, sobald es sein Dasein sich selber verdankt. Ein Mensch, der von der Gnade eines anderen lebt, betrachtet sich als ein abhängiges Wesen« (Karl Marx). Der andere und die Gabe seiner Freiheit würde dann nur

unter dem Vorzeichen der negativen, zu überwindenden Abhängigkeit stehen. Freiheit wäre Sich-Losreißen. Anerkennung und Liebe wären grundsätzlich ausgeblendet.
Das Selbsterhaltungs-Ich zeichnet sich durch Mißtrauen, Kontrolle und Kritik aus. In Verhärtungen findet das Individuum jedoch nicht sein Heil. Eine Selbstverwirklichung, die alles als Hemmung, Begrenzung, Behinderung, Bedrohung und Feind seiner selbst verdächtigt und nur die Perspektive der Befreiung von anderen kennt, landet in der Vereinzelung, in einem Gitterkäfig. Identität gelingt nicht in Ghettoisierung oder in einer Festung, nicht durch kämpferische Selbstverteidigung, Verhärtung oder Totalbewaffnung.
Selbstverwirklichung ist auch nicht machbar. Wer glaubt, das Leben machen und es sich nehmen und holen zu können, der nimmt es sich in der Tat. Das Individuum »erfährt den Doppelsinn, der in dem lag, was es tat, nämlich sein Leben sich genommen zu haben; es nahm sich das Leben, aber vielmehr ergriff es damit den Tod« (G. F. W. Hegel). Der Graben zwischen beschenktem Dasein und emanzipierter Selbstvergewisserung bleibt offen.
Wenn der Mensch in seiner Suche nach Identität und Selbstverwirklichung souveräner Herr sein will und nicht auch empfangend und arm, so muß er andere unterwerfen und zum Ding, zum Objekt machen. In einem polemisch strategischen Handeln steht der Andere unter dem Vorzeichen der Eroberung, der Kolonialisierung, des Urteils und des Gerichts. Der Andere wird zum Material der eigenen Selbstverwirklichung, zum Steinbruch der Interessen. Wer in seinen Grundhaltungen und Lebensäußerungen nur reich und stark sein und immer nur in Besitz nehmen will, sperrt sich in den Käfig des eigenen Ich.
F. Nietzsche beschreibt in einem Gedicht über die Armut des Reichsten die Situation des Nur-Reichen: »Aber wer sollte dich auch lieben, du Überreicher? Dein Glück macht ringsum trocken, macht arm an Liebe – ein regenloses Land.« Einseitigkeit in Macht, Reichtum und Herrschaft trocknet alle menschlichen Beziehungen aus.
Die andere Sackgasse ist der falsche Altruismus, in dem ein Mensch nur scheinbar arm ist. »Ihr drängt euch um den Nächsten und habt schöne Worte dafür. Aber ich sage euch: Eure Nächstenliebe ist eure schlechte Liebe zu euch selber. Ihr flüchtet zum Nächsten vor euch selber und möchtet euch daraus eine Tugend machen: aber ich durchschaue euer Selbstloses ... Eure schlechte Liebe zu euch selber macht euch aus der Einsamkeit ein Gefängnis.« F. Nietzsche entlarvt den falschen und kranken Altruismus: Das Dasein für die anderen entartet zu einem Verzehren und Verbrauchen der anderen für sich selbst. Nach außen hin wird ein scheinbarer Altruismus vorgespielt, das

Aufopfern für die anderen (Kinder, Familie, Partei, Gruppe, Kirche) zelebriert. Eine solche Armut, ein solches Opfer ist aber keine wirkliche Selbstlosigkeit, sondern Mißbrauch, Verzweckung und Instrumentalisierung der anderen.
Diese destruktive Selbstlosigkeit und Hingabe hat insgeheim eine Lust am Fressen, Einverleiben und Gefressen-Werden. Das konkrete Du interessiert dabei gar nicht. Die Flucht zum Nächsten ist nur die Kehrseite der Leere, Destruktivität, der Abstraktion der eigenen Subjektivität. Eine solche »Liebe« bleibt in einem selbstgenügsamen Ich eingesperrt, das nicht die Kraft hat, sich umsonst und kreativ zu verschenken.
Christlich gesehen gewinnt der Mensch seine Würde und Einmaligkeit nicht durch Besitz oder Kampf, nicht durch Absetzung, Herrschaft oder Macht, auch nicht in selbstzerstörerischer Hingabe, sondern in der unbedingten Anerkennung durch Gott, durch die der Mensch schöpferisch zur Freiheit befreit wird.
Ich-Sein und Wir-Sein, Person und Gemeinschaft sind gleich ursprünglich. Kein Pol darf auf den anderen reduziert werden, keiner darf bloß Material für den anderen sein. Letztlich findet den Weg zu sich selbst und zum anderen nur, wer fähig ist zu einer inneren Haltung der Armut. Sie ist »ein großer Glanz von innen« (R. M. Rilke), die Räume der Freiheit, der Ehrfurcht vor der Unverfügbarkeit des Du und der Begegnung eröffnet. In dieser Haltung läßt sich ein Mensch ein auf das Abenteuer, das Wagnis und die Dramatik von Empfangen und Geben, von Bitte und Dank. Es bedeutet wohl auch Armut, auf eigene Möglichkeiten zu verzichten, Fähigkeiten, Zeit, Kräfte mitzuteilen und auch wegzugeben.
In dieser Haltung trifft ein Mensch nicht isoliert seine Entscheidungen, er ist mit dem Gesicht zu den anderen gewendet, die von seinen Schritten mit betroffen sind. Was sich abstrakt harmonisch und vernünftig anhört, was auch in vielen Hochzeitspredigten ausgebreitet wird, erweist sich in der nüchternen Alltäglichkeit z.B. einer Partnerschaft als Konfliktherd, als Reibefläche, als Risiko mit einem ungewissen Ausgang.

Partnerschaft

»Bei unserer Hochzeit hatte ich das Gefühl, es kann eigentlich nichts schiefgehen. Ich fühlte mich selbständig, emanzipiert und reich beschenkt. Der erste Stimmungsknick kam nach dem zweiten Kind (3.-4. Ehejahr). Ich wollte mich nicht damit abfinden, daß ich auf meine Mutterrolle fixiert werde (von Partner, Kirche, Gesellschaft).

Eine Frau müßte ja den Partner freistellen für Beruf und Karriere… gerade dann erst recht, wenn sie bei Kindern angebunden ist.
Ich kämpfte um meine Identität und um seine Liebe. Ein jahrelanges Auf und Ab, bis ich vor zwei Jahren ganz am Ende war. Ich nahm erschüttert wahr, daß ich unsere Beziehung nicht »machen« kann. Ich kann mir seine Liebe weder erarbeiten noch erkämpfen, er gehört mir nicht und ich muß ihn »gehen« lassen. Ich fühlte mich bettelarm, weil mich diese Erfahrung als Mensch an die Grenze brachte. Und trotzdem spürte ich, daß die existentielle Anerkennung der Freiheit des anderen notwendig ist. – Ein Sprung ins Ungewisse. Alles war offen.
Meine klare Entscheidung, so nicht weitermachen zu wollen, hat bei uns beiden viel in Bewegung gebracht. Wir haben jetzt drei Kinder, für die wir beide verantwortlich sind. Momentan geht es uns sehr gut. Es ist schön, einander im Wachsen zu begleiten« (H. M.).
»Die Entscheidung zur Ehe war für uns selbstverständlich. Es war für uns beide »fesch«, eine klare und eindeutige Lebensentscheidung getroffen zu haben. Erst langsam wurde mir bewußt, daß Ehe auch eine Form der Berufung ist, die mit einer einmaligen Entscheidung nicht erledigt ist. Mit drei kleinen Kindern daheim werden die Möglichkeiten nach außen für beide immer kleiner. Vergnügungen, die für andere selbstverständlich sind, oder außerberufliche Engagements sind auf einmal nicht mehr drin. Ich erinnere mich auch an so manche Stichelei im Kollegenkreis, ob es denn bei mir auch schon so weit sei, daß ich zu Hause um Erlaubnis fragen müsse. Es schlich sich ein Grundgefühl ein, daß es aus sei mit meiner Selbständigkeit, mit dem beruflichen Weiterkommen. Oft blieb von der Liebe zum Partner nur noch die Wut auf die ganze Familie.
Diese Wut hatte allerdings noch ganz andere Wurzeln. Es war ein ziemlich steiniger Weg, diese Wurzeln Schritt für Schritt in meiner Ursprungsfamilie und in meiner ambivalenten Beziehung zu meinen Eltern zu entdecken. Heute weiß ich, daß sich für mich in der Hinwendung zu den Kindern neue Horizonte aufgetan haben und daß das auch ein wesentliches Element eines inneren Heilungsprozesses ist.
Und dann war noch eine Zerreißprobe: das Hin und Her zwischen einer bis an ihre physischen und psychischen Grenzen geforderten, von Arbeit, Stillen und Schlaflosigkeit gezeichneten Ehefrau einerseits, noch dazu »Objekt« meiner Wut, und hübschen, herausgeputzten, flirtenden Kolleginnen auf der anderen Seite. Die Erwerbsarbeit war plötzlich viel lustiger als die mühsamen »Aufräumarbeiten« daheim.
In dieser Zeit haben wir öfter von Trennung gesprochen. Wir haben nicht mehr weitergewußt. Zwei Umstände haben uns, so glaube ich, geholfen:

– Meine Frau ist eine Kämpfernatur. Sie hat immer klare Entscheidungen gefordert.
– Es war uns beiden klar, daß wir uns konsequent und ernsthaft um Spiritualität bemühen müssen. Wir brauchen Zeiten und Orte des Gebets, Tage der Einkehr in das Schweigen und eine qualifizierte seelsorgliche Begleitung, um im Alltag den Blick für das Wesentliche freizubekommen.
Es ist für mich heilsam zu wissen, wie wenig ich Herr über mich selber bin und daß nur im liebevollen Blick auf den Partner, im Blick auf Gott von innen her Klarheit, Geradlinigkeit und Entschiedenheit wachsen können. Das ist für mich die Erfahrung der Sakramentalität der Ehe. Hier sehe ich auch eine Vergleichbarkeit mit dem Zölibat, weil auf dieser tiefsten existentiellen Ebene beide Entscheidungen den Rahmen des menschlich Möglichen sprengen. Dadurch können sie ja erst zum sichtbaren Zeichen der Liebe Gottes werden« (H. O.).

Kinder

Ein Paar heiratete, weniger um der gegenseitigen Beziehung wegen, als weil es ein Kind erwartete. Das Kind, das sie erwarteten, veränderte beide. Die Welt schien zuzunehmen. Es bereitete sich etwas vor, das neu war. Sie fingen an, alles auf das Kind hin wahrzunehmen und anzusehen, die Hände, die Wohnung, die ganze angeräumte Welt. Von ihnen als Eltern sollte das Kind die Bedeutung der Worte erfahren.
Und dann kam das Kind. Es war für sie der erste Mensch, mit dem alles neu anfing. Es war nicht gesagt, daß alles nicht auch ganz anders werden konnte durch den Kleinen. Sie wollten Fipps, wie er einfach hieß, bewahren vor den Dunkelheiten, Verzerrungen und Lügen der Sprache und wollten eine neue Sprache gründen und eine neue Zeit einleiten. Sie wollten ihm die Verhängnisse von Schuld, Verzweiflung, Krieg ersparen und den Raum schaffen für ein anderes Leben. Sie wollten für ihn ganz andere, reine Spiele erfinden und ihm andere Märchen als die bisher bekannten erzählen. »Alles« wollten sie für Fipps tun und haben. Die ganze, reine Liebe wollten sie schenken. Sie hatten erwartet, daß dieses Kind, weil es ein Kind war – ja, sie hatten erwartet, daß es die Welt erlöse.
Aber Fipps geriet den Menschen nach. Er hatte Angst und fürchtete sich. Er schrie oft lange Zeit und brüllte darauf los. Eine große ungebändigte Wut war in ihm. Er riß alles an sich, biß hinein und warf es weg. Bald war keine Unschuld mehr an ihm zu entdecken. Als ihm eines Tages ein Turm mit Bauklötzen umgefallen war, lamentierte er:

»Das Haus anzünden werde ich euch. Alles kaputt machen, euch alle kaputt machen.« Ein kleines Mädchen stieß Fipps die Stiege hinunter. Und in der Schule ging er eines Tages mit einem Taschenmesser auf einen Mitschüler los. Er wollte es ihm in die Brust rennen, rutschte aber ab und traf das Kind in den Arm. Entschuldigen wollte er sich um keinen Preis. So war Fipps eigentlich nur ein ganz gewöhnliches Kind, von vornherein verurteilt, die alte Welt mitzumachen. Bei einem Schulausflug rutschte der Bub auf einem Felsen aus und stürzte auf einen darunterliegenden Felsvorsprung. Fipps war tot. Niemand hatte Schuld. Er war auch nur ein Kind dieser Welt (nach Ingeborg Bachmann, Alles).

Die Geburt eines Kindes ist ein Versprechen, eine Verheißung neuen Lebens. Die Welt scheint unschuldig und unbelastet. Gefühle und Haltungen werden wach, die in der Alltäglichkeit schon entglitten waren: Freude, Dankbarkeit, Staunen, Zuversicht, Zärtlichkeit, Spiel. Vielleicht wird intuitiv sogar wieder gebetet. Die Welt wird neu.

Doch die unschuldigen Kinder verlieren bald ihre Unschuld. Verwoben in ein Koordinatensystem von Konkurrenz, Angst, Aggression, Kampf, Abweisung, Neid und Zerstörung werden sie zu Opfern dieser »alten Welt«. Sie sind Opfer. Sind sie nicht auch von Anfang an Täter, die Lebensmöglichkeiten einschränken und den Lebenssaft anderer aufsaugen?

In österreichischen Magazinen wurden Berechnungen angestellt, daß Eltern bei einem monatlichen Nettoeinkommen von 30000 Schilling für ein Kind 3,1 Millionen Schilling ausgeben müssen, bis es sich nach 27 Jahren selbst erhalten kann. Kinder gelten teilweise als Armutsfalle und Karrierekiller. Eltern überlegen, ob sie sich ein Kind leisten können.

Dahinter steckt durchaus die berechtigte Sorge, wie man mit Kindern finanziell über die Runden kommt. Wohl sind die »Anschaffungskosten« für ein Kind eher günstig, die Folgekosten aber horrend. Kinder brauchen Wohnraum, der zumindest in den Städten extrem teuer ist. Kinder brauchen Zeit, so daß die Teilnahme am gesellschaftlichen Leben, der Austausch mit Freunden reduziert oder zumindest sehr erschwert wird. Wer Kinder hat, muß seinen Wohnraum, seine Zeit, seine Energie, sein Geld mit mehreren teilen. Wer keine hat, hat mehr Spielraum bei Urlaub, Kleidung, Bildung und kann auch ungestörter an seiner beruflichen Karriere arbeiten.

Teilweise leben wir in einer Gesellschaft, in der man sich für Kinder rechtfertigen muß. Sie werden in eine kurzfristige (!) Kosten-Nutzen Rechnung eingespannt.

Der Wert von Kinder geht aber über solche Rechnungen hinaus. »Ohne das Kind, das ihm hilft, sich ständig zu erneuern, würde der

Mensch degenerieren« (Maria Montessori). Ohne die Bereitschaft zur Armut, mit Kindern das Leben zu teilen, würde der Mensch vergreisen.

»Eure Kinder sind nicht eure Kinder. Und sind sie auch bei euch, so gehören sie euch doch nicht (K. Gibran). *Vom Kopf her bedacht, ist diese Aussage eine Selbstverständlichkeit. Das alltägliche Leben ist aber eine beinharte Bewährungsprobe, ob dies auch mit Leib und Seele begriffen worden ist. Daß Kinder einen eigenen Willen haben, daß sie schrittweise in ihr Leben entlassen werden müssen, daß sie nicht »mein« Besitz sind, steht oft konträr zu meinen Bildern, Vorstellungen und Bedürfnissen. Bisweilen geht es auch an die Grenze meiner Möglichkeiten. Konkret: Ich will es aushalten und zulassen, daß der Vater seine eigene Art hat, mit den Kindern umzugehen, sie zu pflegen und zu versorgen, daß sich die Kids nicht gerade nach meinem Geschmack kleiden wollen, daß sie Dinge haben wollen, mit denen ich nicht einverstanden bin.*

Es kommt vor, daß ich mich aus einem Disput zurückziehe, wütend, weil sie meine Pläne durchkreuzen, ohnmächtig, weil mir keine gute Lösung einfällt, weinend, weil ich spüre, daß ich mich von Gewohntem verabschieden muß. Erziehung, Menschen, Kinder nicht im Griff haben zu können, ist eine alltägliche Erfahrung von Ohnmacht und Armut. Die Kinder gedeihen trotzdem, und dann sind sie wieder eine große Freude« (H. M.).

»Trotz aller Anstrengung erleben wir sie als beglückend und sinnstiftend. Es ist ein Geschenk, zuschauen und mithelfen zu dürfen, wie sie heranwachsen und selbständig werden« (H. O.).

Ein Herz und eine Seele?

»Alle, die gläubig geworden waren, bildeten eine Gemeinschaft und hatten alles gemeinsam. Sie verkauften Hab und Gut und gaben davon allen, jedem so viel, wie er nötig hatte. Tag für Tag verharrten sie einmütig im Tempel, brachen in ihren Häusern das Brot und hielten miteinander Mahl in Freude und Einfalt des Herzens. Sie lobten Gott und waren beim ganzen Volk beliebt« (Apg 2,44–47).

»Die Gemeinde der Gläubigen war ein Herz und eine Seele. Keiner nannte etwas von dem, was er hatte, sein Eigentum, sondern sie hatten alles gemeinsam« (Apg 4,32).

Das Beispiel der Urkirche war geprägt durch brüderlichen Umgang, durch gegenseitige Hilfe, durch Anteilnahme aneinander und durch die Gemeinsamkeit des Lebens insgesamt. Es nährte sich durch das Evangelium, das Brotbrechen, das Gebet und die Gemeinsamkeit des

Geistes. Dieses Leben kannte keine Demarkationslinie zwischen »Mein« und »Dein«, weder im Hinblick auf Eigentum noch im Hinblick auf das Tragen der Lasten. Aus dieser Gemeinschaft strahlte eine große apostolische Kraft.
Dieses Leben der Urkirche wurde zu einem zentralen Topos der Ordensgeschichte, z.B. bei Pachomius, bei Basilius oder bei Augustinus und Benedikt. Sie wollten nach der Art der Apostel leben. Augustinus schreibt in seiner Regel:
»Niemand soll etwas als sein Eigentum in Anspruch nehmen, sei es Kleid oder irgendeine Sache; denn wir haben den Wunsch, nach der Art der Apostel zu leben ... Das erste Ziel eures gemeinsamen Lebens ist, in Eintracht zusammenzuwohnen und ein Herz und eine Seele in Gott zu haben. Deshalb nennt nichts euer eigen, sondern alles gehöre euch gemeinsam, und durch euren Oberen werde jedem von euch Nahrung und Kleidung zugeteilt, nicht allen in gleicher Weise, weil ihr nicht alle die gleiche Gesundheit habt, sondern vielmehr jedem so, wie er es nötig hat. So lest ihr ja in der Apostelgeschichte: Alles hatten sie gemeinsam und jedem wurde zugeteilt, je nachdem er es bedurfte (Apg 4,32.35).«
Auch bei Benedikt soll keiner etwas als sein Eigentum bezeichnen oder beanspruchen (nach Apg 4,32). In der Gütergemeinschaft soll jeder bekommen, was er braucht. Dabei nimmt er Rücksicht auf Schwächen: »Wer weniger braucht, danke Gott und sei nicht traurig. Wer mehr braucht, werde demütig wegen seiner Schwäche und nicht überheblich wegen der ihm erwiesenen Barmherzigkeit.« Wichtig ist Benedikt, daß in der Gemeinschaft nicht das Laster des Murrens aufkommt. Bescheidenheit, Anspruchslosigkeit und Ehrfurcht prägen den Umgang mit den Dingen und Werkzeugen, die wie Altargerät zu behandeln sind. Mit dem Eigentum des Klosters soll nicht unredlich umgegangen werden. Beim Verkauf von Erzeugnissen »darf sich das Übel der Habgier nicht einschleichen. Man verkaufe sogar immer etwas billiger, als es sonst außerhalb des Klosters möglich ist, damit in allem Gott verherrlicht werde.« In den Kranken, Gästen, Armen und Pilgern wird Christus aufgenommen.
Es wäre fatal, diese Zeugnisse als bloße Sozialromantik abzutun. Sicher steht das Leben der Urgemeinde und der Ordensgemeinschaften einer individualistischen und konsumistischen Mentalität entgegen. Eine solche moderne und postmoderne Mentalität wird jedoch zunehmend »postsolidarisch« und landet in Vereinzelung und Vereinsamung. Menschsein kann aber nur in gegenseitiger Anerkennung und Solidarität gelingen.
Es wäre fatal, das Zeugnis der Orden in ein Ghetto zu drängen. Ihre Gemeinschaftsformen könnten zu Geburts- und Entwicklungshel-

fern im Einleben neuer sozio-ökonomischer und geistig-kultureller Situationen, z.B. für das Miteinander der Generationen, für das Zusammenleben unterschiedlicher Kulturen, für die Integration von Asylanten werden. Ihre kommunitäre Praxis der eucharistischen Tischgemeinschaft steht in einem schöpferischen und kritischen Widerspruch zum Nord-Süd-Konflikt auf globaler Ebene.

Option für die Armen

Gott selbst trifft eine Option für die Armen. In Mt 25,31–46 führt Jesus den Armen als Sakrament seiner Gegenwart vor Augen. Diese Einheit von Gottes- und Nächstenliebe (Mt 22,34–40) ist auf den verschiedenen individuellen, wirtschaftlichen, gesellschaftlichen und globalen Ebenen zu konkretisieren. Sie wird realisiert in leiblichen und geistigen Werken der Barmherzigkeit (Hungrige speisen, Durstige tränken, Nackte bekleiden, Fremde beherbergen, Gefangene erlösen, Kranke besuchen, Sünder zurechtweisen, Unwissende lehren, Zweifelnden recht raten, Betrübte trösten, Unrecht geduldig leiden, für die Lebenden und Toten Gott bitten), in Caritas und Diakonie, in kirchlicher Sozial- und Entwicklungsarbeit, in Kollekten und Hilfsmaßnahmen, in Solidaritätsaktionen, durch Güterausgleich oder in Selbsthilfegruppen, im prophetisch kritischen Einsatz für Menschenwürde, durch Freiheit und Gerechtigkeit auf nationaler und internationaler Ebene. Die Option für die Armen kann sich in der affektiven Solidarisierung mit den Armen, in Freundschaft und Zuwendung, im Leben mit ihnen zeigen.
Die Option für die Armen wird zu Lieblosigkeit und Kälte pervertiert, wenn sie nicht um ihrer selbst willen geschieht, sondern mit Verzweckung, mit Gegenerwartungen und Geschäften verbunden ist. Es kann also nicht um eine gönnerische Großzügigkeit gehen, die an der Leine hält und Applaus bzw. Dankbarkeit erwartet. Die Hinwendung und das Engagement bleiben selbst arm. Wer eine Option für die Armen trifft, will nicht sich selbst in den Mittelpunkt stellen, nicht die Aufmerksamkeit auf sich ziehen.
Die Option für die Armen führt aber auch zum Protest gegen Elend, Repression und Unterdrückung und fordert die Verteidigung der fundamentalen Rechte. Armut als Elend ist in der biblischer Tradition ein bundestheologischer Skandal, den es aus der Welt zu räumen gilt. Die Option für die Armen, die sich den Auftrag zur Überwindung der Armut zu eigen macht, führt aber oft auch in den Schmerz und in die Unbegreiflichkeit des Kreuzes, in der es keinen Erfolg, keinen Lohn, keine Anerkennung mehr gibt und alles vergeblich und

umsonst erscheint. Diese Spannung zwischen dem Auftrag zur Überwindung der Armut und dem Umsonst des Einsatzes in der Kreuzesnachfolge ist innergeschichtlich – auch um der Armen selbst willen – nicht einseitig zu lösen. Würde der Auftrag zur Überwindung der Armut an den innergeschichtlichen Erfolg gebunden, müßten zugleich Millionen von vergangenen Armen zum bloßen Material gegenwärtigen Fortschritts degradiert werden. Das isolierte und fixierte Insistieren auf der Erfolglosigkeit des Kreuzes wiederum müßte die schöpferische Kraft menschlicher Freiheit und den Auftrag Jesu ausblenden.

Wo diese Option für die Armen, wo Barmherzigkeit verweigert wird, dort machen sich in einer Gesellschaft Kälteströme breit. Der Kult des schönen, starken und gesunden Lebens macht die Erbarmungslosigkeit zum Prinzip. Ein isoliertes Leistungs- und Erfolgsdenken verkehrt sich in Rücksichtslosigkeit. Ohne Hinwendung zu den konkret Armen wird die Rede von Humanität zu einem Phantombild und zur leeren Abstraktion. Eine bloß individualistische und postsolidarische Gesellschaft wird stillschweigend und mit Achselzucken die Menschenwürde und die Menschenrechte dem Vergessen überlassen.

Fremde

In Europa und nicht nur hier erleben wir gegenwärtig eine riesige Völkerwanderung. Ausländer/Innen, Asylbewerber/Innen, Asylanten, Einwanderer, Fremde, Flüchtlinge... Diese und ähnliche Begriffe sind täglich zu hören und prägen die öffentliche Diskussion mit. Von Quotenregelungen, Wirtschaftsflüchtlingen, Überfremdung usw. ist die Rede. Es sind aber konkrete Menschen, die nicht aus bloßer Neugier, Abenteuerlust oder Eroberungssucht von zu Hause weggehen. Die Gesichter tragen nicht selten die Narben der Not und des Krieges.

Fremde leben »im Exil«. Das bedeutet für viele Gastarbeiter die Trennung von Frau und Kindern und bringt nicht selten Entfremdung mit sich. Sie sind meist auch einem massiven Kulturschock ausgesetzt, weil die Kluft zwischen ihren früheren Lebensbedingungen und der hochtechnisierten, pluralistisch strukturierten Industriegesellschaft tief ist. Für viele ist auch die westliche Arbeitsmentalität sehr fremd und ungewohnt. Die Situation auf dem Arbeitsmarkt schafft bei den Ausländern große Angst. Meist sind sie die ersten, die entlassen werden. Die Mieten sind zu hoch. Große Finanzprobleme sind die Folge. Neue Gesetze schaffen Unsicherheit über die Arbeitsbewilligung und Aufenthaltsgenehmigung. Entwurzelung, Minderwertigkeitsgefühle

der einheimischen Mehrheit gegenüber, Unsicherheit wegen der Sprache und der Mentalität, Isolation verstärken die Labilität.
Die seelische Situation ist oft von Depressionen belastet. Die Zahl der psychisch Kranken unter den Fremden ist in Österreich verglichen mit den Österreichern (vermutlich wird es in Deutschland nicht viel anders sein) mindestens fünffach. Psychische Krankheiten treten häufiger und stärker zutage, was unter gewöhnlichen Umständen, wenn einer durch das familiäre und soziale Netz getragen wäre, nicht in dieser Intensität der Fall sein würde.

Der Krieg in Kroatien und Bosnien brachte eine große Welle von Flüchtlingen nach Österreich und Deutschland. In kürzester Zeit sollten sie untergebracht werden. Neben finanziellen, rechtlichen und institutionellen Voraussetzungen war die konkrete Gastfreundschaft, das persönliche Engagement gefragt. Josef Wundsam, Pfarrer in Haibach, einer kleinen Pfarre in der Diözese Linz, sagt dazu:
»Im Frühjahr 1992 faßte der Pfarrgemeinderat den Grundsatzbeschluß, Bosnienflüchtlinge in der Pfarre aufzunehmen, ohne jedoch dabei auf konkrete Details einzugehen. An einem Sommerabend 1992 erreichte mich der verzweifelte Anruf der für Flüchtlinge zuständigen Frau bei der Bezirkshauptmannschaft Eferding: Keine Gemeinde, keine Pfarre des Bezirkes habe sich gefunden, ich wäre ihre letzte Hoffnung. Mit Angst im Bauch – wer wird mir da helfen? – mußte mir gerade da das Wort Jesu einfallen: »Ich war fremd und obdachlos, und ihr habt mich aufgenommen« (Mt 25,35). *Ich sagte zu.*
Wir hatten für eine größere Familie mit maximal acht Leuten zugesagt. So viele würden es einige Wochen im kleinen Saal des Pfarrheimes, vielleicht mit einigen Kästen unterteilt, schon aushalten. Leute aus der Pfarre brachten viele Sachen. Eine Stunde vor der Ankunft waren wir mit den Vorbereitungen fertig, sehr aufgeregt und auch ein bißchen stolz. Dann war die Enttäuschung beiderseits groß: Es kamen acht Personen, aber es waren drei Familien und diese von Anfang untereinander zerstritten. So wurde zunächst ein weiterer Raum des Pfarrheimes freigemacht und notdürftig ausgestattet. Ein halbes Jahr später stellte mir ein Vater, der zunächst mit seiner Frau und einem kleinen Mädchen gekommen war, seine Tochter vor. Diese war im dritten Monat schwanger und hatte wiederum ihren Mann und eine dreijährige Tochter dabei. Der alte Vater hatte sie heimlich in einem kleinen Heimraum einquartiert. So mußte die Jungschar auf einen weiteren Heimraum verzichten. Jetzt war nur noch einer da. Die Alternative wäre gewesen, die junge Familie in einen Turnsaal nach Linz zu schicken.
Die Pfarrbevölkerung war bis auf eine Ausnahme sehr wohlwollend.

Einer brüllte eine halbe Stunde vor dem Pfarrheim mit mir und trat dann aus der Kirche aus. Viele brachten Geld, Gewand, Lebensmittel. Die meisten waren aber auch sehr ängstlich und scheuten den Besuch der Bosnier in deren Räumen.
Die Bosnier ihrerseits waren sehr freundlich, und so wurden sie oft zu Arbeiten beim Hausbau, im Garten geholt. Die Frauen hatten mit Stricken und Nähen eine Beschäftigung. Ein Bub ging in die Schule, ein Mädchen in den Kindergarten.
Auch bittere Erfahrungen gab es: Die Landesregierung ließ mich finanziell hängen, sie war bei mir mit fast ÖS 100 000,- im Rückstand. Von den Flüchtlingen selbst nahm ich nur ÖS 100,– pro Person und Monat, das war ein Viertel des tatsächlichen Stromverbrauchs. Bei der Caritas dauerte es manchmal lange, bis ich einen Zuständigen erreichen konnte.
Am bittersten war die Eskalation des Streites zwischen den bosnischen Familien selbst. Von jeder Partei konnte nur einer deutsch. Jeder Teil erwartete meine Unterstützung. Als ich strikt an meiner Neutralität als Betreuer festhielt, war ich plötzlich der Böse. Oft wußte ich gar nicht, worum es ging, weil mir niemand übersetzte, wenn so richtig die Fetzen flogen.
Weit öfter erlebte ich ihre große Herzlichkeit, ihre Gastfreundschaft und ihre Hilfsbereitschaft. Ungewohnt war für mich ihre Spontaneität, z. B. beim Bairam 1993. Vor allem aber wurden die Maßstäbe meines Lebens zurechtgerückt: das Mittragen ihrer Fragen und Sorgen, z.B. ob die Verwandten noch leben, die Kriegsberichte, später Arbeitslosigkeit und auch Paßsorgen, relativierten eigene Probleme.
Eine Familie mit vier Personen ist jetzt (im Sommer 1995) noch da. Lange Zeit wollten sie zurückkehren. Sie waren deshalb auch wenig engagiert, um Arbeit zu finden oder deutsch zu lernen. Heute gibt es keinen Streit mehr, sie gehören fast schon zu uns.«

Gesichter von Armen

Ausgangspunkt für die »Option für die Armen« in Teilen der lateinamerikanischen Kirche ist der Blick in die Gesichter von Kindern, die von Armut, von Behinderung, von Ausbeutung und von Orientierungslosigkeit schon geschlagen sind, noch ehe sie überhaupt geboren werden. Der Blick richtet sich in die Gesichter von Campesinos, denen der notwendige Grund und Boden fehlt und die einem Vermarktungssystem ausgeliefert sind, das sie in innere und äußere Abhängigkeit bringt. Gesichtern von Afroamerikanern, die gesellschaftlich an den Rand geschoben werden, von jungen frustrierten

Menschen ohne Platz und ohne Ausbildungsmöglichkeit in der Gesellschaft, von schlecht bezahlten Industriearbeitern, die sich kaum organisieren und ihre Rechte verteidigen können, von Unterbeschäftigten und Arbeitslosen, von Randexistenzen und Elendsgestalten, von alten Menschen wird nicht ausgewichen. In diesen Gesichtern wird Jesus erkannt. Der Blick in diese Gesichter ist nicht neutral oder distanziert. Dieser Blick ist keine besitzergreifende Wahrnehmung. Das unmittelbare »Auge in Auge«, »von Angesicht zu Angesicht« beinhaltet eine Dringlichkeit und eine ethische Verpflichtung. Die Wahrnehmung der Armut fordert die Analyse ihrer strukturellen Bedingungen. Mit Hilfe der sozialwissenschaftlichen Analyse und der biblisch-hermeneutischen Vermittlung kommt das Urteil, aus dem heraus die »Option für die Armen« getroffen wird.

Ein Berufschullehrer schreibt über seine Motivation, als Entwicklungshelfer in Kenya zu arbeiten:
»Ein erster Faktor war die Weltoffenheit. Es störte mich, daß man die Menschheit in ›Welten‹ einteilte. Ob diese Klassifizierung unserem größeren Arbeitswillen und unserer Intelligenz oder einer ungerechten Weltwirtschaftsordnung zuzuschreiben ist, war eine Frage, die mich beschäftigte. Dann kam auch Abenteuerlust dazu. Es war mir klar, daß ein Leben für drei Jahre in einer anderen Kultur eine Herausforderung für mein bisheriges Leben darstellen würde. Vertraute Umgebung, Freunde, Wohlstand wurden ausgetauscht gegen Fremdheit und Entbehrung. Schließlich trieb mich auch der Idealismus: Ich möchte etwas tun. Ich möchte helfen, weil es mir nicht egal ist, wenn Menschen im Elend leben müssen.«
Im Rückblick auf seine Erfahrungen schreibt er:
»Alles, was wir in Europa zum Leben brauchen, kostet nicht viel oder darf nicht viel kosten (Wasser, Energie, Essen, Kleidung ...). Im Durchschnitt liegen die Lebenshaltungskosten etwa bei 20 bis 25% des Einkommens. In Afrika übersteigen sie 100%. Die Folgen kennen wir. Deshalb haben die reichen Europäer auch kein Verständnis für die Armut der Südländer. Wenn ich einen Vortrag zum Thema »Als Entwicklungshelfer in Kenya« veranstalte, kommen vielleicht 30 Besucher, zum Thema »Safari in Kenya« sind es hingegen 200. Man hört gerne zu, wenn es um Urlaub, Safari, Surfen geht, nicht aber, wenn über soziale Gerechtigkeit, Ausbeutung oder über die Schuldenkrise gesprochen wird. Die Österreicher wissen zwar heute weit mehr über die Situation in der sogenannten Dritten Welt als früher. Die Distanz ist jedoch gleich geblieben.
In kleinen, vor allem in kirchlichen Kreisen ist eine gewisse Sensibilisierung für die Probleme der Entwicklungsländer vorhanden, zu-

mindest wenn das Spendenaufkommen als Meßlatte herangezogen wird. Vom eigentlichen Ziel, nämlich so zu leben, daß andere Völker dadurch nicht benachteiligt werden, liegen wir aber auch in diesen Kreisen weit entfernt. Der gesellschaftliche Druck, daß man alles haben muß, um ›in‹ zu sein, ist sehr groß. Pfarrlich haben wir neben einem zweiten Kindergarten-Neubau auch die Betriebskosten von drei Kindertagesstätten in Lima übernommen. Der Betrag von ÖS 80000 ist im Budget der Pfarre fixiert, wird aber durch Aktionen und Privatspenden aufgebracht. Insgesamt ist es ein Ziel, die Gemeinde zu verbindlichen Schritten zu bewegen« (Hans Holzinger).

Gisela Gründges arbeitet seit drei Jahren als Pastoralarbeiterin in Huacho in Peru.
»Die Armut, die uns umgibt, hat viele Gesichter und ist für uns nicht immer auf Anhieb zu sehen – und noch weniger zu verstehen. Am deutlichsten und empörendsten sind die unwürdigen Lebensbedingungen, die es nicht ermöglichen, Grundbedürfnisse zu befriedigen: Ernährung, Gesundheit. Unterernährte Kinder, Kranke, die sich die Medikamente nicht kaufen können ... Die Hilflosigkeit diesen Situationen gegenüber: ich habe Geld, könnte oft »helfen«, tue es nicht. Aus »Prinzip« und wohl aus Berührungsangst. Aus Prinzip: wir wollen keine Almosen verteilen. Die Pfarrei unterhält drei Mittagstische für über 200 Kinder, eine Kinderkrippe, eine Apotheke mit Basismedikamenten ... Einzelfälle werden an die Sozialarbeiterin verwiesen, die der Sache jeweils nachgeht, so gut sie kann. Ich bin überzeugt, daß das die richtige Vorgehensweise ist – und fühle mich gleichzeitig oft so, als habe ich mich elegant vor dem Problem gedrückt. Armut heißt auch: für uns unvorstellbare Wohnverhältnisse, ein erbärmlich schlechtes Niveau des öffentlichen Schulwesens ... Armut auch in den menschlichen Beziehungen (chaotische Familienverhältnisse, viele jugendliche ledige Mütter) ... Armut auch in den Köpfen: mit dem wenigen Geld nicht haushalten können.
Bei all diesen Beschreibungen habe ich die »pueblos jovenes« (in Deutsch sind wir liebloser: Elendsviertel) unserer Pfarrei vor Augen. Ein krasses Beispiel: Maria, etwa so alt wie ich, Mutter von vier Kindern zwischen 1 und 16 Jahren, alleinstehend. Bei uns würde sie wahrscheinlich in einer beschützenden Einrichtung leben, denn sie ist nicht einmal in der Lage, für sich selbst angemessen zu sorgen, geschweige denn für vier Kinder. Als die Jüngste geboren wurde, habe ich gedacht, das Kind lebt keinen Monat, nur Haut und Knochen, inzwischen ist es ein hübsches Baby. Ihr erstes Bettchen: ein Pappkarton der Europäischen Gemeinschaft. Der älteste Sohn bleibt oft tagelang weg, manchmal verdient er etwas Geld, zur Schule geht er nicht,

manchmal tauscht er die Turnschuhe, die ihm die Sozialarbeiterin gibt, gegen andere Dinge. Was wird aus ihm? Der zweite Sohn ist ein Fall für die Sonderschule, geht aber nur unregelmäßig hin, zwischendurch kommt er mal in die ›Beneficiencia‹, das staatliche Kinderheim. Mutter und vier Kinder wohnen in einer einräumigen Hütte aus Strohmatten, mit zwei Betten, gekocht wird auf Steinen (die Kinder essen inzwischen im Comedor bzw. in der Kindertagesstätte), nachdem ein von der Pfarrei angeschaffter Herd geklaut wurde. Inzwischen hat sich eingependelt, daß Maria einmal in der Woche das Pfarrheim putzt, dafür wird sie mit Lebensmitteln bezahlt, und die Kinder gehen in den Hort bzw. zum Mittagessen. Das ist nur eine winzige Lösung für einen Fall – und all die anderen?

Das Prinzip ›Hilfe zur Selbsthilfe‹ scheitert an solchen Menschen, die sich selbst nicht helfen können, und an denen, die nicht wollen: Mütter von sieben Kindern, die sich weigern, ihren Dienst turnusmäßig im Kindercomedor zu verrichten, so daß die Kinder ausgeschlossen werden müssen. Mütter, die solange warten, ihr Baby zum Gesundheitsposten zu bringen, bis es zu spät ist: es war ja sowieso kränklich. Unsere Reaktion, hilflose Wut ... Auch das, was wie Bosheit aussieht, eine Form der Armut: Wie sind diese Frauen wohl aufgewachsen? Haben sie je erlebt, was Menschenwürde bedeutet?

Ein Sprung in die ›Mittelklasse‹, wo wir wohnen, das Viertel, für das ich in der Pfarrei zuständig bin. Da geht es vor allem darum, die Fassade aufrecht zu erhalten, dahinter oft das größte Elend. Und das Gefühl des Versagens, Armut als persönliche Schuld, oder als gegenseitige Schuldzuweisung der Ehepartner. Während es in den ›pueblos jovenes‹ wenigstens keine Schande ist, arm zu sein, keine feste Arbeit zu haben... und es doch ein Grundgerüst der Solidarität gibt (Familien- und Nachbarschaftshilfe), stehen die Leute mit der Mittelklassementalität ihrem Abstieg völlig hilflos gegenüber, leben ihn als Tragödie, verstecken, solange sie können. Dabei ist das ja ein politischer und gesamtwirtschaftlicher Prozeß, die Realeinkommen liegen zur Zeit etwa auf der Höhe von vor 30 Jahren, ein Lehrergehalt deckt etwa ein Drittel des Familienwarenkorbs ... Völlige Unfähigkeit, das eigene Schicksal in das Gesamtgeschehen einzuordnen, sozusagen ›internalisierter‹ Neoliberalismus: alles liegt an der individuellen Tüchtigkeit. Da kommt es vor, daß die Kinder zur Privatschule gehen (100 Soles im Monat), aber manchmal keine 5 Soles da sind, um das Mittagessen zu kochen.

Neben all dem gibt es jede Menge Dinge, die wir bis heute nicht verstehen: die enorme Geldverschwendung bei allen Festen, der Bierkonsum, das viele Geld, das Kinder und Jugendliche für Süßigkeiten und Computerspiele (!) ausgeben... Die Welt der Armut ist komplex und für uns nur bedingt zugänglich, oft sicher auch wegen unseres fehlenden Einfühlungsvermögens. Wie in Europa aßen z. B. die Jugendlichen bei den Einkehrtagen ihre Teller nicht leer, Essen wurde weggeworfen. Viele von denen haben mit Sicherheit zu Hause knapp zu essen! Bei den Jugendlichen im allgemeinen große Anstrengungen, sich modern und gut zu kleiden: Armut verstecken, der eigenen Realität entfliehen. Schockierend die großen Gegensätze von arm und reich auf wenigen Metern (drastischer in Lima als hier in der Provinz), die Fernsehwerbung z. B. für Kreditkarten oder Schlankmacher in der ärmsten Hütte. Deutlich rassistische Züge der Armut.

Zum eigenen Lebensstil: Als Gemeinde denke ich schon, daß wir die Option für die Armen deutlich leben: verstärktes Interesse und eindeutige Vorliebe für die Randviertel, starker Ansatz in der Sozialarbeit. Aber mit den Armen leben wir (lebe ich) nicht, und das bleibt als Herausforderung. Das hat organisatorische Gründe, wenn wir wählen könnten, lebten wir wohl nicht hier, sondern am Rand. Aber es führt eben doch dazu, in einem ordentlichen Haus mit Strom und Wasser zu wohnen, und nicht zwischen den Armen. Den bewußt einfachen Lebensstil, den ich dabei pflege, empfinde ich als befreiend: seit zwei Jahren kein Kleidungsstück mehr gekauft, einfaches Essen, meist Brot, Käse, Obst, zu Fuß gehen. Das tut mir gut, und auch die Entscheidung, mich nicht ›bedienen‹ zu lassen, sondern meine Wäsche selbst zu waschen und selbst zu putzen, läßt mich wenigstens ein bißchen (minimal) am ›normalen Frauenalltag‹ teilnehmen. Vielleicht wäre es sinnvoller, jemandem Arbeit zu geben. Der springende Punkt ist: ich tue das alles höchst freiwillig. Auch wenn ich in vielem sicher einfacher lebe als manche Leute um mich herum: ich tue es, weil ich mich dazu entschieden habe, und nicht, weil ich dazu gezwungen bin. Und ich weiß, daß ich, wenn ich will, alles kaufen kann; nicht nur, was ich brauche, sondern was ich will: Und ich denke, die Leute wissen das auch: Es bleibt ein abgrundtiefer Unterschied: wir haben das Geld und entscheiden, wofür es ausgegeben wird. Das ist ein himmelweiter Unterschied zu ›Verkaufe, was du hast, gib den Erlös den Armen und folge mir.‹ Ich brauche persönlich wenig, verfüge aber über viel. Ich bezahle die gesamte Jugendpastoral von meinem Gehalt. Oder als Pfarrei: wir sind nicht arm. Manchmal möchten wir es gern sein, um uns auf das Wesentliche zu konzentrieren: gelebtes und verkündetes Evangelium. Aber kann man mögliche (und sinnvolle!) Unterstützung (wie z. B. die Kinderkrippe für berufstätige Mütter) einfach unterlassen? Wir sind nicht arm. Auch deshalb nicht, weil wir eine solide Bildung haben, die Fähigkeit, unsere Situation zu analysieren, weil wir gesund sind … und weiß.

Anfragen an Europa? Vor allem an die Selbstverständlichkeit und

Gedankenlosigkeit, mit der der Lebensstandard dort ›genossen‹ wird. Und Unverständnis für die Unzufriedenheit dort. Mir liegt es fern, die Armut zu romantisieren, aber die Menschen haben hier mehr Lebensfreude (auch mehr Leid) und mehr Hoffnung. Und dann die ganze Geschichte mit dem notwendigen Engagement für eine gerechtere Weltwirtschaftsordnung.«

Christine Drexler (eine Linzer Theologiestudentin) formuliert die Herausforderungen durch die Armut in Lateinamerika angesichts eines sechswöchigen Aufenthalts in Bolivien, Peru und Brasilien:
»Diese Begegnungen stellten mich vor die Frage, wie ich mein Leben bewältige und wie meine Lebenseinstellung aussieht. Sie relativierten manche meiner eigenen Probleme und ließen mich anfanghaft verstehen, daß Glücklichsein eine Fähigkeit ist, die nicht unmittelbar damit zusammenhängt, was ich habe, was ich schaffe und wie groß mein Erfolg ist.
Ich begriff, daß es keine Selbstverständlichkeit ist, studieren zu können. So stellt sich mir die Frage nach der Art meines Studierens, ob ich die Zeit und die Möglichkeit des Studierens wirklich nutze oder sie vergeude. Es stellt sich aber auch die Frage, ob und wie ich mein Wissen und meine fachliche Kompetenz verantwortungsvoll einsetzen kann und werde, für welche Zwecke ich meine Ausbildung verwende – wem ich nütze und wem ich schade.
Die Erfahrung der Armut von Frauen, die unter dem ›machismo‹ zu leiden haben und oft allein die ganze Familie durchbringen müssen, weil der Mann trinkt oder sich überhaupt nicht (mehr) um die Familie kümmert, gab mir den Anstoß, mein Engagement für feministische Anliegen zu intensivieren, denn diese Form der Unterdrückung existiert hier bei uns ebenso – vielleicht etwas verdeckter und versteckter.
Die Notwendigkeit eines gegenseitigen Erfahrungsaustauschs von Frauen, auch zwischen lateinamerikanischen und europäischen Frauen, ist mir bewußt geworden.
Die größte Herausforderung ist für mich die Armut, die Hoffnungslosigkeit heißt und Elend, Verzweiflung mit sich bringt. Als Mitglied eines ungerechten Systems, in dem die einen im Überfluß leben und die anderen zugrunde gehen, weiß ich darauf keine Antwort. Diese Armut stellt meine ganze Existenzweise als mitteleuropäische Studentin in Frage, die es sich leisten kann, eine Reise nach Lateinamerika zu unternehmen…«

Ökologische Kultur?

SCHÖPFUNG

»Jetzt siehst du nicht mehr,
wie gut alles ist.
Jetzt siehst du
den Anfang vom Ende.
Der Lebensbaum,
den du ins Paradies gepflanzt hast,
trägt welke Blätter.

Selbst zwischen den Menschen
sind die Worte zerbrochen.
Unverschämt bedienen sie sich aneinander.
Sie überziehen die Welt,
gottlosen Kannibalen gleich.

Da ist nicht mehr Schöpfung,
da ist nur noch Produktion,
da ist nicht mehr Achtung,
da ist nur noch Verwertung.
Da kommt meine Trauer auf« (Norbert Copray)

Ozonloch, Rohstoffverknappung, Klimakatastrophe, Müllberge, Atommülltransporte füllen relativ oft die Schlagzeilen der Medien. Sorgen, Ängste und Nöte bezüglich der Umwelt sind keine Spinnerei einer alternativen Minderheit mehr.

Das zügellose Verfolgen ökonomischer Ziele hat massive Störungen im ökologischen, demographischen und gesellschaftlichen Bereich zur Folge. Ressourcen werden unwiederbringlich verbraucht, elementare Lebensgrundlagen wie Boden, Wasser oder Luft fortschreitend verändert oder vernichtet ohne Chance der Regeneration. Trotz des heute schon geleisteten Umweltschutzes erleben wir eine in der Menschheitsgeschichte nicht bekannte Zerstörung der natürlichen Lebensgrundlagen. Pro Sekunde gehen 3000 Quadratmeter Wald verloren, täglich sterben zehn, vielleicht auch zwanzig oder noch mehr Tier- und Pflanzenarten endgültig aus. »Die Aussterbensrate dürfte heute rund tausendmal so hoch sein wie in normalen geologischen Zeiten.« (Ernst-Ulrich von Weizsäcker). Nach Auffassung der Weltenergiekonferenz werde der Energiebedarf weltweit bis zum Jahre 2020 um circa 50-70 Prozent und bis zum Jahre 2030 um etwa 100 Prozent steigen. Im gleichen Umfang sei eine Zunahme energiebedingter Treibgas-Emissionen zu erwarten.

Es ist der Aberglaube der Aufgeklärten mit dem Hang zur Illusion, den Fortschritt als Zauberwort zu verwenden, wo es um den bedenkenlosen Umgang mit nicht regenerierbaren Ressourcen geht. Nach wie vor bestimmt die Größe des Autos oder auch der Wohnung das Prestige. Die Geschwindigkeit erhöht das Persönlichkeitsgefühl. Der »Homo consumens« gilt als Motor der Wirtschaft. Man kauft sich Dinge, die man nicht braucht, mit dem Geld, das man nicht hat, um den Leuten zu imponieren, die man nicht mag. Das Konsumklima mit dem Kaufzwang ist durchaus mit dem Alkoholismus oder dem hemmungslosen Freßtrieb zu vergleichen. Ein ständig steigendes Wirtschaftswachstum ist nur ein trügerisches Etikett für den Vorgang der Selbstverstümmelung des Menschen. »Wenn eine ganze Gesellschaft die Realität ignoriert, sich zu Tode asphaltiert und amüsiert, dann bricht in dieses unehrliche Kitschparadies die Realität herein, unaufhaltsam, wie nach einem Dammbruch. Die Welt verwandelt sich in einen einheitlichen öden Müll- und Giftplaneten« (Bernhard Verbeek).

Angesichts dieser Störungen wird die Forderung einer asketischen Kultur laut:

»Die Bedürfnisverzichte, symbolisiert in den Mönchsgelübden der Armut, der Keuschheit, des Gehorsams, sind Mittel der Bewußtwerdung, der Distanzierung von sich selbst. Die tiefe Verwandlung der menschlichen Natur, die dadurch möglich wird, strahlt dann prägend in die Kultur zurück. ... Diese Selbstzucht dient also nicht nur der Erhaltung der bestehenden Gesellschaft, sondern der Verwandlung des Menschen; dem, was die Religion sein Heil nennt« (Carl Friedrich von Weizsäcker).

Die Sicherung unserer menschlichen Lebensbedingungen, der Schutz und die Erhaltung allen nichtmenschlichen Lebens und die Verantwortung für das zukünftige Leben auf der Erde erfordern eine Änderung unserer Lebensgewohnheiten und unseres persönlichen Lebensstils. Maßhalten im Umgang mit den natürlichen Gütern, Bescheidenheit, Selbstbeherrschung, Askese und bewußte kulturelle Disziplin sind die Postulate. Dabei geht es nicht um eine Romantisierung der Armut, sondern um die Frage der Zukunft der Schöpfung und der Menschheit. Ein verantworteter Umgang mit den Schätzen der Natur fordert ein neues Denken, eine neue Spiritualität.

Es gilt, uns selbst, die anderen und die Welt dankbar anzunehmen als Gabe Gottes. Das heißt auch, daß wir Gottes liebendes Ja zu uns, zu den anderen und zur Welt liebend mitsprechen. Eine ökologische Spiritualität weiß um den Vorrang des Menschen vor den Sachen, aber auch um die Unentbehrlichkeit der Sachen für den Menschen. Das schließt die Übernahme liebender Verantwortung für Pflanzen und Tierwelt mit ein. Tiere sind Tiere und nicht bloß Nahrungsmittel oder Ware. Landschaft ist nicht bloß Steinbruch oder Terrain für menschliche Planung. Ehrfurcht, Wertschätzung, Achtung und Schutz verdient nicht allein das menschliche, sondern auch tierisches und pflanzliches Leben sowie die unbelebte Natur. Dies erfordert vom Menschen Rücksicht, Selbstbegrenzung und Selbstkontrolle. Der Maßstab »Ehrfurcht vor dem Leben« enthält ein Moment unbedingter Verpflichtung, auch ein Schaudern vor den Folgen des Gebrauchs der Macht, das den Menschen zurückhalten soll, diese Macht zur Selbstvernichtung zu mißbrauchen.

In diesem Zusammenhang eröffnen die evangelischen Räte und die Armut im besonderen eine Perspektive der Zukunft und der Hoffnung. Im Geist der Armut können wir frei sein von Ansprüchen und Bedürfnissen, die wir uns einredeten oder einreden ließen. Der Geist der Armut hat den Mut, statt des Wortes »Ich« das Wort »Wir« an die erste Stelle zu setzen, zu teilen, füreinander und miteinander die Güter dieser Welt zu haben und zu nutzen. Armut meint die Freiheit, der das Wenige kostbarer und reicher ist als der Überfluß, der Überdruß weckt. Wer arm und frei sein kann, läßt sich nicht versklaven an eigene Lebenserwartungen und Lebensentwürfe, er kann auf den Anspruch Gottes, auf den Anspruch der Mitmenschen und Mitgeschöpfe hören. Im Geist der Armut verschenkte Möglichkeiten sind nicht verlorene Möglichkeiten, sie sind Voraussetzung für einen freieren Dienst an anderen.

Ökologisch gesehen ist »Mehr« oft weniger, etwa bezüglich der Mobilität durch Autos, und weniger kann auf lange Sicht ein »Mehr« an Lebensqualität und Humanität bedeuten. Von da her ist Verzicht nicht nur etwas Negatives, sondern der Preis für eine humane Zukunft, der Preis für die Verwirklichung unserer Freiheit.

In diesem Sinne wäre die »Unterscheidung der Geister« auf ökologische Fragen anzuwenden. Dabei geht es ja um das Zu-Ende-Denken und Fühlen von Verhaltensweisen und Gewohnheiten. Was führt auf längere Sicht zu Friede, Hoffnung und Freude, was hingegen schafft zwar kurzfristig Euphorie, Befriedigung und Entlastung, führt aber auf Dauer zur Zerstörung, zu Elend und zum Frust? In Analogie zur Sucht gelingt in ökologischen Fragen zu selten die Rückkoppelung zum Fernerliegenden im Verhältnis zu seiner destruktiven Wirksamkeit. Das zeitliche und örtliche Auseinanderfallen von Ursache und Wirkung ist typisch für Umweltschäden. Gerade die unangenehmen Folgen müßten unmittelbar auf den Verursacher und Konsumenten zurückwirken. Der Schatten einer im Grunde gar nicht so fernen Zukunft müßte im Interesse künftiger Generationen nahe an die Gegenwart geholt werden. Vermutlich wächst die Bereitschaft dazu

nicht ohne entsprechende Steuern und Abgaben, wobei es eigentlich nur um eine ökologische Kostengerechtigkeit gehen würde. Für den Verbrauch von knappen, nicht regenerierbaren Ressourcen müßte unvermeidbar viel zu zahlen sein, und zwar sofort. Es wäre wichtig, Wirtschaftssysteme, aber auch einzelne von ihrer weitgehenden kostenmäßigen Blindheit gegenüber Umweltgütern, die in der Vergangenheit im Überfluß verfügbar waren, zu heilen.
Eine ökologische Kultur fordert einen neuen Lebensstil. Die Deutsche Bischofskonferenz nennt in ihrer Erklärung zu Fragen der Umwelt und Energieversorgung Aspekte, die für die »Zukunft der Schöpfung – Zukunft der Menschheit« von entscheidender Bedeutung sind:

– Erkennen ökologischer Systemzusammenhänge und das verantwortliche Leben und Handeln in dem Bewußtsein dieser Zusammenhänge.
– Verzicht auf Verhaltens- und Konsumgewohnheiten, die auf Kosten der natürlichen Umwelt gehen, Einüben neuer Verhaltensweisen.
– Änderung z.T. noch gebräuchlicher Entsorgungsgewohnheiten (z.B. Vermeidung unnötiger Abfälle, Abschaffung oder zumindest Reduzierung von Mischabfall zugunsten des aufwendigeren Sortierens von Abfällen in Glas, Papier, Kompost, Metall, Sondermüll).
– Bereitschaft, den Preis für umweltfreundlich produzierte und damit teurere Produkte zu zahlen.
– Hinwendung zu Mäßigkeit, Bescheidenheit, Lebensdisziplin, Naturnähe, Mitmenschlichkeit.
– Aneignung neuer Fähigkeiten und tätiger umweltbewußter Einfallsreichtum.
– Verantwortliches Engagement des mündigen Staatsbürgers, das den demokratischen Widerspruch gegen Schädigung und Belastung der Umwelt vor Ort und im weiteren Kontext einschließt und den politischen Willensbildungsprozeß durch umweltpoltisches Engagement mit beeinflußt.

Kirche und Armut

Im II. Vatikanischen Konzil wurde z.T. heftig über die arme Kirche, über die Kirche der Armen, über die Kirche mit den und für die Armen diskutiert. Gerade aus dem französischsprachigen Bereich, aus den spirituellen Traditionen von Charles de Foucauld, aus der Bewegung der Arbeiterpriester, aus der CAJ um Cardijn waren starke Impulse gekommen. Diese Diskussion hat auch Eingang in die Konzilsdokumente gefunden:

»Wie aber Christus das Werk der Erlösung in Armut und Verfolgung vollbrachte, so ist auch die Kirche berufen, den gleichen Weg einzuschlagen, um die Heilsfrucht den Menschen mitzuteilen. Christus Jesus hat, ›obwohl er doch in Gottesgestalt war, … sich selbst entäußert und Knechtsgestalt angenommen‹ (Phil 2,6); um unseretwillen ›ist er arm geworden, obgleich er doch reich war‹ (2 Kor 8,9). So ist die Kirche, auch wenn sie zur Erfüllung ihrer Sendung menschlicher Mittel bedarf, nicht gegründet, um irdische Herrlichkeit zu suchen, sondern um Demut und Selbstverleugnung auch durch ihr Beispiel auszubreiten. Christus wurde vom Vater gesandt, ›den Armen frohe Botschaft zu bringen, zu heilen, die bedrückten Herzens sind‹ (Lk 4,18), ›zu suchen und zu retten, was verloren war‹ (Lk 19,10). In ähnlicher Weise umgibt die Kirche alle mit ihrer Liebe, die von menschlicher Schwachheit angefochten sind, ja in den Armen und Leidenden erkennt sie das Bild dessen, der sie gegründet hat und selbst ein Armer und Leidender war. Sie müht sich, deren Not zu erleichtern, und sucht Christus in ihnen zu dienen« (Lumen gentium 8).

Insgesamt ist aber festzuhalten, daß das Konzil in der Armutsfrage trotz mancher Ansätze und Zeichenhandlungen der Päpste eher gescheitert ist. Die Impulse sind zumindest in mitteleuropäischen Breiten eher versandet als zum Blühen gekommen. Die Kritik an der Konsumgesellschaft, an Strukturen der Ungerechtigkeit auf nationaler und globaler Ebene ist nicht das brennende Thema des kirchlichen Alltags. Karl Rahner war in der Armutsfrage schon 1972 nüchtern und skeptisch: »Es wird der Kirche nicht gelingen, den Kampf gegen die Armut durch ihre eigene Armut zu führen, der an sich ihre Pflicht wäre.«

Und doch bleibt in der Nachfolge Jesu der Auftrag bestehen, daß die Kirche nicht reich mit den Reichen, sondern arm mit den Armen und Entrechteten sein müsse. Mit der Armut steht die Glaubwürdigkeit der Verkündigung des Reiches Gottes auf dem Spiel. Die Armut ist dabei nicht bloß Strategie oder Taktik, sie ist als Realsymbol für das Reich Gottes inhaltlich nicht von der Verkündigung in Wort und Zeugnis zu lösen. Fundamentalistische Trutzburgen und integralistische Machtpositionen gehen ebenso an der Nachfolge Jesu vorbei wie eine Kirche, die nur noch als bürokratische Verwaltung funktioniert. Einer total verbürgerlichten dänischen Staatskirche des 19. Jh. gelten die sarkastischen Notizen Sören Kierkegaards in seinem Tagebuch:

»In der prächtigen Schloßkirche tritt ein staatlicher Hofprediger, der Auserwählte des gebildeten Publikums, vor einen auserwählten Kreis von Vornehmen und Gebildeten und predigt gerührt über die Worte des Apostels: Gott erwählte das Geringe und Verachtete. Und da ist keiner, der lacht.«

Christliche Armut lebt aus der Hoffnung auf die eschatologische Vollendung. Diese Hoffnung hat sich gerade auch in einer Situation des Umbruchs, der Unsicherheit und der Unübersichtlichkeit zu bewähren. Eine solche Unübersichtlichkeit besteht zur Zeit z.B. in der Frage, wie die Kirche mit ihrer Botschaft und mit ihrem Auftrag in der Gesellschaft präsent sein kann.

Die Kirche ist für die meisten nicht mehr so sehr das »Zeichen, das aufgerichtet ist für die Völker«, die selbst »wegen ihrer wunderbaren Ausbreitung, außerordentlichen Heiligkeit und unerschöpflichen Fruchtbarkeit an allem Guten, wegen ihrer katholischen Einheit und unbesiegten Beständigkeit ein mächtiger und fortdauernder Beweggrund der Glaubwürdigkeit und ein unwiderlegbares Zeugnis ihrer göttlichen Sendung« ist (1. Vatikanisches Konzil). Sie erwacht nicht unbedingt in den Seelen (Romano Guardini), sondern schläft eher ein. Die konkrete Kirche ist für nicht wenige, gerade im inneren Bereich zum Anstoß, zum Ärgernis, zur Ursache tiefer Trauer geworden. Sie ist weniger Motiv der Glaubwürdigkeit des Evangeliums als Ursache für Glaubenszweifel.

Die Vorderseite dieser massiven Enttäuschungen und Frustrationen waren z.T. idealistische und enthusiastische Kirchenträume. Vorstellungen von idealer Kommunikation, Sehnsüchte und Träume vom Paradies, Wünsche nach Heimat und Geborgenheit, Bedürfnisse nach Harmonie wurden in sie hineingetragen. Wohl wurde der frühere Triumphalismus der Kirche, die vollkommene Gesellschaft darzustellen (societas perfecta), abgelehnt. Hinter der massiven Kritik und Enttäuschung steckt aber dennoch die unermeßlichen Erwartung nach einer besseren Gesellschaftsform und nach einem glänzenden Gemeinschaftsleben, heute unter den Namen der fortschrittlichen, demokratischen, herrschaftsfreien oder geschwisterlichen Kirche. Es waren Vorstellungen und Träume, die weder aus der Wahrnehmung der konkreten Kirche noch aus dem biblischen Zeugnis kommen und bei denen die Differenz zum Reich Gottes, zur eschatologischen Vollendung von der Ungeduld schon eingeebnet war.

Die konkrete Kirche ist ein höchst gemischte Gesellschaft (res mixta). In Auseinandersetzung mit Eugen Drewermann hat Albert Görres auch dessen Kirchenbild kritisiert:

»Mein Haupteinwand gegen Drewermann sei also klar formuliert: Die Kirche ist, wie die Sonne, für alle da. Für Gerechte und Ungerechte, Sympathen und Unsympathen, Dumme und Gescheite; für Sentimentale ebenso wie Unterkühlte, für Neurotiker, Psychopathen, Sonderlinge, für Heuchler und solche wie Natanael, an denen kein

Falsch ist (Joh 1,47); für Feiglinge und Helden, Großherzige und Kleinliche. Für zwanghafte Legalisten, hysterisch Verwahrloste, Infantile, Süchtige und Perverse. Auch für kopf- und herzlose Bürokraten, für Fanatiker und auch für eine Minderheit von gesunden, ausgeglichenen, reifen, seelisch und geistig begabten, liebesfähigen Naturen.

Die lange Liste ist nötig, um klarzumachen, was man eigentlich von einer Kirche, die aus allen Menschensorten ohne Ansehen der Person, von den Gassen und Zäunen wie wahllos zusammengerufen ist und deren Führungspersonal aus diesem bunten Vorrat stammt, erwarten kann – wenn nicht ständig Wunder und Verzauberung stattfinden, die uns niemand versprochen hat. Heilige, Erleuchtete und Leuchtende sind uns versprochen. Wer sie sucht, kann sie finden. Wer sie nicht sucht, wird sie nicht einmal entdecken, wenn sie jahrelang neben ihm gehen, weil er sie vielleicht nicht wahrhaben will oder kann ... Der immer und überall in der Kirche anwesende Geist ist ein verborgener Gott, Latens Deitas, sagt Thomas von Aquin, Deus absconditus, sagt Luther. Ein Gott, der sich zeigt, wann und wem er will. Er preist die selig, die nicht sehen und doch glauben. Sie brauchen keine strahlende Kirche, weil sie den Glanz des Heiligen auch durch rußgeschwärzte Scheiben wahrnehmen.«

Die Kirche hat ihr Ursprungsgeschehen in der Armut, in der radikalen Erniedrigung, im Scheitern, in der Selbstentäußerung Jesu. Sie ist wohl Zeichen und Werkzeug des Heils (LG 1), aber als Armutszeichen, als Demutszeichen, verborgen unter dem Gegensatz. Sie ist und bleibt eine Kirche der Sünder.

Die Armut als Gestalt der Hoffnung läßt sich nicht in die falsche Alternative zwischen zynischer Resignation und integralistischer Machtpolitik treiben. Die Kirche verkündet das Paschamysterium, sie hat ihre Wurzeln in Tod und Auferstehung Jesu. Tod und Auferstehung gehen durch die eigene Glaubensbiographie und durch die geschichtliche Gestalt von Kirche. Ist nicht bei fundamentalistischen oder auch bürokratischen Sicherungsversuchen in der Kirche eine panische Angst vor der Armut und vor dem Loslassen am Werk, eine Angst, die nicht aus der Wahrnehmung des Karfreitags und auch nicht aus dem Glauben an Ostern kommt?

An welchem Ort des Ostergeheimnisses befindet sich gegenwärtig die Kirche? Die traditionelle Stellung der Kirche in der bürgerlichen Gesellschaft scheint in Auflösung begriffen. Bisher vertraute Formen von Kirchlichkeit bröckeln ab. Wie ist das Abnehmen der Kirche zu deuten? Befindet sie sich am Karsamstag, an dem das konkrete Profil der neuen Gestalt noch nicht sichtbar ist? Die Auferstehung ist jedenfalls nicht machbar. Sie geschieht auch nicht am Karfreitag vorbei. Wenn es die Einübung in Armut, ins Sterben, in den Abschied und in die Gelassenheit nicht gibt, dann macht sich eine depressive Grundstimmung in der Kirche breit.

Ars moriendi

Das Sterben und der Tod bündeln die Armut des Lebens. Da wird dem Menschen buchstäblich alles aus der Hand genommen. Diese Armut, diese Ohnmacht, diese Passion, diese letzte Entmächtigung kann nun verdrängt oder zugedeckt werden, man kann ihr rebellisch zu entkommen versuchen. Oder das Sterben kann als letzte entscheidende Tat des Lebens verstanden werden.

Der Tod ist nicht bloß ein Ereignis am Ende des Lebens. Nicht erst in Todesgefahr oder in sogenannten Grenzsituationen werden wir uns unserer Sterblichkeit bewußt. Es gibt Erfahrungen, in denen sich die Minderung des Lebens zeigt und das Sterben ankündigt: Nichtangenommensein, Versagen im Beruf, Grenzen in der Leistungsfähigkeit, Mißerfolg, Leiden, Krankheit, Enttäuschungen durch lieb gewordene Menschen, Zu-kurz-Kommen, notwendige Entscheidungen, die andere Möglichkeiten ausschließen, Mitsein mit schwierigen und belasteten Menschen, finanzielle Desaster, Zerbrechen von Ehen und Freundschaften, Überforderung, Tod von Freunden. Da kündigt sich an: Du mußt selbst sterben.

Einübung in die Armut des Sterbens vollzieht sich z. B. im Klagegebet. Die Klage thematisiert die Einmischung des Todes in das Leben, sie bringt die äußerste Bedrohung der Hoffnung ins Wort (vgl. Ps 18,5; 88; Klgl 2,19; Hiob). Die Klage ist eine mehr oder weniger deutliche Abwandlung der Todesangst und ein Rufen nach ihrer Überwindung. Ihre Berechtigung wurzelt in der Klage Jesu. Jesus ist nicht unanfechtbar überlegen, er ist kein Übermensch, kein Titan, kein Stoiker. Jesus hat eine menschliche Psyche, er hat einen Lebenstrieb. Am Ölberg bittet Jesus um Weiterleben. Er hat Angst vor dem Tod und schreit um Leben (Hebr 5,2). Das Vertrauen zum Vater verschont ihn nicht vor der Angst, vor dem Leid und auch nicht vor dem Tod. Er kennt die Ungeborgenheit und das Ausgesetztsein. Am Ende stirbt er keinen schönen, romantischen, heroischen oder souveränen Tod. Sein Sterben ist begleitet von einem lauten Schrei, von der Klage in der Gottverlassenheit (Mk 15,34). Durch die Klage hindurch findet er zu Vertrauen, Loslassen und Hingabe (Lk 23,46; Joh 19,30).

Einübung in die Armut des Sterbens ist also von Jesus her nicht mit der Verachtung des Lebens und mit der Ausmerzung jedes Lebenswillens verbunden. Wohl braucht es die Annahme der Grenzen, des

Unterwegsseins und zugleich das Verschenken von Lebensmöglichkeiten, den Abschied und das Verlassen von Bindungen (vgl. die Nachfolgeworte) und die Annahme des Kreuzes, das durch das Leben zugemutet wird. Loslassen, Vertrauen und Hingabe sind nicht einfach ein moralisches oder idealistisches Postulat. Sie können nicht ein für allemal aus dem Boden gestampft werden. Jesus selbst hat seine Jünger dafür in eine lange Schule genommen. Er gewährt ihnen die lange Geduld des Lernens, der Vergebung, des Wachsens und des Reifens.

Einübung in die Armut des Sterbens realisiert sich so schließlich in der Bitte um Hingabe. Die Hingabe selbst ist Geschenk und höchste Inanspruchnahme der menschlichen Freiheit zugleich:

»Nehmt, Herr, und empfangt meine ganze Freiheit, mein Gedächtnis, meinen Verstand und meinen ganzen Willen, all mein Haben und mein Besitzen. Ihr habt es mir gegeben; Euch, Herr, gebe ich es zurück. Alles ist Euer, verfügt nach Eurem Willen. Gebt mir Eure Liebe und Gnade, denn diese genügt mir« (Ignatius von Loyola).

Literatur

Theodor W. Adorno, Minima moralia. Reflexionen aus dem beschädigten Leben (Ges. Schriften 4, hg. von R. Tiedemann) Frankfurt 1980.

Ingeborg Bachmann, Alles, in: Sämtliche Erzählungen, München 1980, 138–158.

Martin Buber, Die Erzählungen der Chassidim, Zürich (10) 1987.

Norbert Copray, Dem Leben zuliebe. Gebete, Düsseldorf 1989.

Klaus Dörner/ Ursula Plog, Irren ist menschlich. Lehrbuch der Psychiatrie/Psychotherapie, Bonn 1989.

Meister Eckhart, Deutsche Predigten und Traktate (ed. J. Quint) München 1969.

Charles de Foucauld, Entschlüsse aus der Stille, München–Zürich–Wien 1981.

Erich Fromm, Haben und Sein. Die seelischen Grundlagen einer neuen Gesellschaft, Stuttgart 1976.

Ottmar Fuchs (Hg.), Die Fremden, Düsseldorf 1988.

Albert Görres/ Walter Kasper (Hg.), Tiefenpsychologische Deutung des Glaubens? Anfragen an Eugen Drewermann (QD 113), Freiburg 1988.

Gustavo Gutierrez, Theologie der Befreiung. Mit einem Vorwort von J. B. Metz, München–Mainz 1973.

Georg Friedrich Wilhelm Hegel, Phänomenologie des Geistes (SW II, ed. H. Glockner) Stuttgart-Bad Canstatt 1964.

Ignatius von Loyola, Geistliche Übungen und erläuternde Texte (ed. Knauer) Graz–Wien–Köln 1978.

Sören Kierkegaard, Philosophische Brocken. De omnibus dubitandum est (Ges. Werke Abt. 10) Düsseldorf 1960.

Sören Kierkegaard, Die Krankheit zum Tode (Ges. Werke 24./25. Abt.) Düsseldorf 1967.

Sören Kierkegaard, Die Tagebücher. 3. Bd. (1849) Düsseldorf 1968.

Die Kirche Lateinamerikas. Dokumente der II. und III. Generalversammlung des Lateinamerikanischen Episkopats in Medellin und Puebla (= Stimmen der Weltkirche 8, hg. vom Sekretariat der Deutschen Bischofskonferenz) Bonn 1980.

Johann Baptist Metz, Armut im Geiste, München 1962.

Johann Baptist Metz, Zeit der Orden? Zur Mystik und Politik der Nachfolge, Freiburg 1977.

Friedrich Nietzsche, Also sprach Zarathustra (WW VI/1, hg. von G. Colli und M. Montinari) Berlin 1968.

Die großen Ordensregeln. Hg. von Hans Urs von Balthasar, Einsiedeln 1974.

Karl Rahner, Die Unfähigkeit zur Armut in der Kirche, in: Schriften zur Theologie X, 520–530.

Rainer M. Rilke, Das Buch von der Armut und vom Tode, in: Gedicht-Zyklen Bd. I.1 (Werke in sechs Bänden) Frankfurt/M. 1980.

Gerhard Sauter, Reden von Gott im Gebet, in: Bernhard Casper (Hg.), Gott Nennen, München 1981, 219–242.

Hans Schaller, Verbirg nicht dein Gesicht vor mir. Vom christlichen Bitten und Klagen, Mainz 1982.

Gerhard Schulze, Die Erlebnisgesellschaft. Kultursoziologie der Gegenwart, Frankfurt/M. 1992.

Jörg Splett, Leben als Mit-Sein. Vom trinitarisch Menschlichen, Frankfurt a.M. 1990.

Jörg Splett/ Herbert Frohnhofen (Hg.) »Entweder/Oder«. Herausgefordert durch Kierkegaard, Frankfurt /M. 1988.

Johannes Tauler, Predigten Bd. 1 (Übertr. und hg. von Georg Hofmann, Einf. von Alois M. Haas) Einsiedeln 1979.

Leo Tolstoi, Das Hemd des Glücklichen, zitiert nach: Dietrich Steinwede, Das Hemd des Glücklichen. Ein Arbeits- und Vorlesebuch: Märchen zur religiösen Erziehung, Gütersloh 1976.

Ferdinand Ulrich, Gegenwart der Freiheit, Einsiedeln 1974.

Bernhard Verbeek, Die Anthropologie der Umweltzerstörung. Die Evolution und der Schatten der Zukunft, Darmstadt (2) 1994.

Carl Friedrich von Weizsäcker, Gehen wir einer asketischen Weltkultur entgegen? in: ders., Deutlichkeit. Beiträge zu politischen und religiösen Gegenwartsfragen, München 1978.

Zukunft der Schöpfung – Zukunft der Menschheit. Erklärung der Deutschen Bischofskonferenz zu Fragen der Umwelt und der Energieversorgung, Bonn 1980.

Anneliese Herzig

Gehorsam um des Lebens willen

Gehorsam, so viel steht für die meisten fest, hat etwas mit Oben und Unten, mit Über- und Unterordnung, mit Befehlen und Gehorchen zu tun. In diesem Sinn tönt das Wort gerade in deutschen Ohren eher unangenehm. Allzu deutlich treten die Bilder derer vor Augen, die »aus Gehorsam« deportiert und gemordet haben. »Gehorsam« ist auch dann kein positiver Begriff mehr, wenn ein Mensch nie zu Eigenständigkeit gelangen konnte, weil er über Jahre hinweg von anderen – Eltern, Lehrern, Vorgesetzten – im Namen des Gehorsams kleingehalten wurde oder wenn die Gehorsamsforderung in den Klöstern – als »Brechen des Eigenwillens« – bloß »Ordens-Marionetten« statt Menschen aus Fleisch und Blut hervorgebracht hat. Gehorsam – das ist aufgrund solcher Negativerfahrungen im Bewußtsein vieler Zeitgenossen eine überholte, ja gefährliche Geisteshaltung, die möglichst überwunden werden muß, nicht zuletzt in der Kirche.

Es wirkt nicht gerade zeitgemäß, in solcher Situation ein »Plädoyer« für den Gehorsam zu halten. Gemeint ist hier nicht jenes Zerrbild des Gehorsams, von dem eben die Rede war. In Abgrenzung davon suchen wir nach Spuren des Gehorsams als »gutem Rat« des Evangeliums. »Evangelium« meint hier im umfassenden Sinn des Wortes: die Freudenbotschaft (vgl. Jes 52,7), die Leben in Fülle (Joh 10,10) schenkt und ermöglicht.

Thomas von Aquin, der große Theologe des Mittelalters, hat »Rat« als das gegenüber dem »Gebot« weniger Verpflichtende und daher Verdienstvollere verstanden und damit das Denken von Jahrhunderten geprägt. Doch »Evangelischer Rat« bedeutet weder Beliebigkeit noch »Werk der Übergebühr«, das getan werden kann oder auch nicht. Gehorsam wird dem Menschen in der Heiligen Schrift nicht nur unverbindlich empfohlen, sondern deswegen *allen* »angeraten«, weil er zu einem geglückten Leben im Sinne Gottes führt. Er hat darum nicht nur Bedeutung für einige »Spezialisten« in der Kirche, wie z. B. die Ordenschristen, die ausdrücklich geloben, gehorsam zu leben.

Gehorsam beginnt nicht erst dort, wo er ausdrücklich eingefordert oder versprochen wird. Das Gehorchen ist eine alltägliche, wenn auch oft unreflektiert praktizierte Haltung. Keine Partnerschaft, keine Gruppe, keine Gesellschaft wird ohne ein gewisses Maß an »Gehorsam« glücken. Auch und gerade dort, wo es um Demokratie,

um Mitbestimmung und um partnerschaftliche Zusammenarbeit geht, ist Gehorsam im Sinn des Aufeinander-Hörens gefordert. Gehorsam kann auch schlicht heißen: »sich an Abmachungen halten«, und zwar auch dann, wenn sie meinen persönlichen Interessen entgegenstehen. Wo solcher Gehorsam fehlt, kommt das ordnende Gleichgewicht leicht ins Wanken. Wenn alle bloß »nach ihrer Façon« glücklich werden wollen, wird oft keiner glücklich, weil das Glück des einen dem des anderen nicht selten entgegensteht. Nur wo auf gegenseitige Bedürfnisse, Pläne und Abmachungen gehört – also Gehorsam geleistet – wird, wächst Leben für alle.
In dieses allgemeine Feld des Hörens und Gehorchens bleibt auch der religiöse Gehorsam eingebettet. Der Gläubige ist weiterhin eingespannt in das Gehorsams-Netz des menschlichen Lebens. Er deutet diese Vernetzung jedoch im Licht der Botschaft jüdisch-christlicher Überlieferung und bekommt von dorther eine neue Motivation, den Gehorsam zu leben. Neue Dimensionen von Gottes-Gehorsam und Menschen-Gehorsam öffnen sich ihm. Er richtet sich nach dem Gott der Bibel aus und erhält so eine neue Orientierung – auch und gerade für die Praxis des Alltags.

Sachgehorsam – Gehorsam der Schöpfung gegenüber

Gehorsam ist nicht nur eine Haltung, die ein geglücktes Miteinander der Menschen unterstützt. Es gibt auch so etwas wie einen »Gehorsam« Dingen und Situationen gegenüber. Dinge sachgerecht behandeln heißt, sie in ihrem So-Sein und ihrer Funktion ernst und wichtig zu nehmen. »Unsachgemäßes« Handeln führt z. B. dazu, daß Werkzeuge unbrauchbar werden und dem Menschen nicht mehr dienen können. Garantie wird im Normalfall nur geleistet, wenn etwas sachgemäß behandelt worden ist. Man muß wissen, wie mit Geräten umzugehen ist, sonst kann es für den Menschen sogar gefährlich werden. Wer etwa nicht darüber informiert ist, wie ein Druckkochtopf sachgerecht zu öffnen ist, der bezahlt wenigstens mit dem Schrecken und einer verschmutzten Küche, wenn nicht mit schweren Verbrennungen. Kulturelle Werte wie Bücher oder Kunstwerke bedürfen einer sorgfältigen Pflege. Sie müssen mit Sachverstand gelagert werden, andernfalls gehen sie für die Menschheit verloren. Sachlicher Gehorsam, das kann auch heißen: der Situation angebracht handeln. Ein Autofahrer z. B., der sein Tempo der eisglatten Fahrbahn anpaßt, hört auf die Situation. Tut er es nicht, bringt er sein eigenes Leben und das anderer in Gefahr.
Gehorsam in diesem Sinn ist heute besonders der Natur gegenüber

gefordert. Paßte sich der Mensch in seinen Urzeiten den Gegebenheiten seiner Umwelt an, so lernte er bald, die Welt zu seinem Nutzen zu gestalten. In den hochindustrialisierten Staaten hat heute das Pendel endgültig umgeschlagen: Die belebte und unbelebte Schöpfung hat sich den Bedürfnissen des Menschen anzupassen. Eine ganze Hügelkette wird untertunnelt, damit der Hochgeschwindigkeitszug des Menschen kein Hindernis vorfindet. In einen bewaldeten Bergrücken wird eine breite Schneise geschlagen, damit der Skilift gebaut werden kann. Flüsse werden begradigt, Auen trockengelegt, damit die Interessen des Menschen nicht gestört werden. Manche Mountain-Biker durchfurchen ohne Rücksicht den Almboden, der dadurch Dauerschäden davonträgt. Tiere wurden jahrelang hemmungslos als »Legemaschinen«, »Versuchskaninchen« oder Fleischproduzenten benützt. Heute kündigt sich vielerorts eine neue Sensibilität dafür an, daß auch Tiere eine »Würde« haben. Proteste gegen Tierversuche, bewußtseinschaffende Berichte über brutale Tiertransporte quer durch Europa oder Aufdecken nicht-artgerechter Tierhaltung (Stichwort: »Legebatterien«) machen die Runde. Die Beispiele ließen sich beliebig vermehren. So wächst zumindest bei manchen Europäern langsam wieder das Bewußtsein, daß der Mensch der Schöpfung seinen Willen nicht aufzwingen darf. Es ist mittlerweile bekannt, daß die Ursachen mancher »Natur«katastrophen – Erdrutsche, Lawinen, Dammbrüche – weniger in der Natur selbst gelegen sind als in ihrer Ausbeutung durch den Menschen. In Hinblick auf die Zukunft der Menschheit hat deshalb die Deutsche Bischofskonferenz einen neuen »Geist des Gehorsams« der ganzen Schöpfung gegenüber so umschrieben: *Sich nicht versklaven an die eigenen Lebenserwartungen und Lebensentwürfe, sondern hinhören auf den Anspruch Gottes, den Anspruch der Mitmenschen, aber auch den der anderen Mitgeschöpfe* (Zukunft der Schöpfung – Zukunft der Menschheit 16).

Eltern und Kinder: ein »spannendes« Verhältnis

»So ein wohlerzogenes, gehorsames Kind!« Diesen Ausruf empfinden viele Eltern als hohes Lob für ihren Erziehungsstil. Nach Jahren »antiautoritärer« Erziehung legen sie wieder Wert darauf, daß Kinder in der Familie auch Ordnung und Gehorsam lernen sollen. Dieses Ziel ist inzwischen für Eltern und Kinder schwieriger als früher zu verwirklichen. Denn an seine Seite sind andere Werte getreten, die mit den Forderungen nach »Gehorsam« nicht selten in Kollision geraten. Zu diesen Idealen zählen z. B. Selbstand oder Eigeninitiative. Was »Gehorsam« heißt, muß von daher ganz neu definiert werden.

Er bedeutet ja nun nicht mehr einfach: tun, was die Eltern sagen. Dennoch geht es nicht ohne Grenzen für die Spontaneität und den Einfallsreichtum des Kindes. In bestimmten Phasen probieren die Heranwachsenden aus, wo diese Grenzen liegen. Diese Erprobungsphasen sind wichtig für die gesunde Entwicklung des Kindes, für die Eltern jedoch schwierig.

Nicht wenigen Eltern kommt hier ganz nostalgisch das »vierte Gebot« der »Elternliebe« in den Sinn, wie es ihnen vielleicht in der eigenen Kindheit buchstäblich »eingebleut« worden ist. War damals nicht alles einfacher? Wird jedoch die kindliche Initiative – womöglich im Namen dieses Gebots – zu sehr beschnitten, können sich Folgen bis ins Erwachsenenalter hinein zeigen: der 50jährige Mann, der sich immer noch nicht von seiner Mutter lösen konnte, die Frau in mittleren Jahren, die unter dem Druck ihrer Eltern nicht imstande war, eine eigene Familie zu gründen, oder die mittlerweile selbst 60jährige Tochter, die immer noch ihre 80jährige Mutter um Erlaubnis bitten muß, wenn sie ausgehen will. Auch heute gibt es solche Beispiele. »Du sollst Vater und Mutter ehren« heißt dann auch den erwachsenen Söhnen und Töchtern gegenüber: »Du sollst machen, was wir Eltern von dir verlangen«. Dabei wird dieser so verstandene »Gehorsam« mit der Dankbarkeit motiviert, welche die Kinder doch den Eltern schulden würden. Ursprünglich jedoch forderte das »vierte Gebot« die erwachsenen Israeliten auf, die altgewordenen Eltern materiell zu versorgen, da ein System der Rentenversicherung damals ja nicht entwickelt war. Außerdem versteht die Bibel die »Gebote« nicht als eine Art göttlicher Polizeigesetze, sondern als »Weisungen zum gelingenden Leben«. Mit »Gehorsam« hat das »vierte Gebot« insofern etwas zu tun, als daß die Alten weiterhin gewürdigt, gehört und in ihrem So-Sein ernstgenommen werden sollen. Keineswegs zielt die Weisung darauf hin, daß erwachsen gewordene Kinder weiterhin in allem den Willen der Eltern erfüllen müßten. Konflikte und Prozesse der Ablösung stehen deshalb dem Gebot nicht entgegen. Interessanterweise zeigt sich von seiten der modernen Psychologie, daß gerade dann ein tiefsitzender Haß gegen die Eltern wachsen kann, wenn keine »Abnabelung« geschehen ist. Solche Menschen können ihre Eltern kaum mehr »ehren« und lieben. Gehorsam im Sinn des ehrfürchtigen Aufeinander-Hörens von Eltern und (erwachsenen) Kindern bedingt deshalb eine Atmosphäre der freilassenden Liebe zwischen den Generationen.

Immer besser verstehe ich den (zugegebenermaßen schwierigen) Ausruf Jesu: »Wer Vater oder Mutter mehr liebt als mich, ist meiner nicht würdig« (Mt 10,37a). Ich deute ihn für mich so: Wer auf die nicht selten lebenshinderlichen Botschaften der Eltern mehr hört als auf das Wort Jesu, der legt sich selbst Fesseln an. Er ist zu bequem, aufzubrechen auf den mühsamen, aber lohnenden Weg der Nachfolge, der den Menschen in eine ungeahnte Weite lockt und ruft. So versäumt er letztlich das Leben, das Gott ihm zugedacht hat. Er verwirklicht sich nicht als Gottes Ebenbild (Gen 1,27), sondern als genaues oder spiegelverkehrtes Abbild seiner Eltern (vgl. Frielingsdorf 1994).

Lebens-gehorsam

Der größte Lehrmeister in Sachen Gehorsam ist das Leben selbst. Wer sich seinen Anforderungen und Herausforderungen nicht stellt, den »bestraft« das Leben irgendwann einmal für seinen »Ungehorsam« und sei es »nur« durch eine selbstzerstörerische Unzufriedenheit oder das bohrende Gefühl, etwas versäumt zu haben. Heute wissen wir, daß auch viele Krankheiten darauf zurückzuführen sind, daß auf Anforderungen des Lebens nicht richtig geantwortet worden ist. Dieser »Lebensgehorsam« hat viele Gesichter.

Niemand kann sich seine Eltern und seine Familie aussuchen. Sie sind einfach da, geschenkt oder auferlegt. Meine Größe, die Form meiner Nase, die Farbe meiner Augen, meine lockigen oder schnurgeraden Haare ... – all das ist mir zunächst einmal vorgegeben. Natürlich gibt es immer wieder Versuche, diese »Mitgift« zu manipulieren, und es gelingt auch in bestimmtem Maß. Aber dieses Manipulieren hat seine Grenzen und manchmal auch seinen Preis. Zeitungsberichte über die Dauerschäden von manchen Schönheitsoperationen sind nicht selten. Die Grenzen, die sich aus der Konkretheit und Einmaligkeit unseres Lebens ergeben, sind nicht beliebig ausdehnbar. Wir müssen ihnen »gehorchen«. Selbst Behinderungen verlangen danach, akzeptiert zu werden, damit sie nicht das »ganze« Leben, also auch das innere Leben des Menschen, behindern.

Im Prozeß des Lebens gilt es immer neu, die mitgegebenen Fähigkeiten zu entdecken, zugleich jedoch deren begrenzte Zahl und Kapazität anzuerkennen. Es gibt Menschen, die sich dauernd selbst überfordern: z. B. durch ertrotzte Ausbildungen oder sportliche Aktivitäten, welche die eigene Leistungsfähigkeit sträflich überdehnen. Und es gibt Menschen, die sich dauernd selbst unterfordern, Talente ungenutzt verkommen lassen oder ihrem Verstand keine angemessene Nahrung mehr bieten, sondern sich z. B. mit seichter Fernsehunterhaltung begnügen. Beide werden ihrem Leben nicht gerecht, sind dem ihnen geschenkten Leben nicht »gehorsam«. Die Lebensaufgabe lautet für alle Menschen gleich: aus der »Mitgift«, wie

auch immer sie aussehen mag, ein bewohnbares Lebenshaus zu bauen.
Es kann auch sein, daß Menschen – aus welchen Gründen auch immer – nicht ihrer Lebensphase gemäß leben: Junge Erwachsene, die keine Sehnsucht danach haben, ihr Leben selbst in die Hand zu nehmen, sondern lieber – oft genug aber unzufrieden – am elterlichen Herd aushalten und sich wie kleine, unmündige Kinder versorgen lassen. Sie haben Scheu davor, erwachsen zu werden, eine eigene Existenz aufzubauen. Vor der in dieser Phase anstehenden Aufgabe der Ich-Werdung schrecken sie zurück. Ein anderes Beispiel für den »Ungehorsam« gegenüber einer Lebensphase sind älter gewordene Menschen, die ihre Grenzen an Schaffenskraft nicht akzeptieren können und sich im wahrsten Sinn des Wortes »aufarbeiten«. Vielen gelingt natürlich auch der ihnen abgeforderte Lebens-Gehorsam. Das sind Menschen, die für andere Wohltat und Vorbild sind.
Die Bewältigung des Alltags ist eine »Gehorsamsleistung«, welche die meisten Menschen unreflektiert und selbstverständlich vollbringen. Wer Kinder bekommt, wird wenigstens eine Zeitlang sein Leben nach ihnen ausrichten. Die Pflege alter Eltern oder des kranken Ehepartners bestimmt oft für Jahre den ganzen Tagesablauf. Verpflichtungen im Beruf binden den Menschen: Auch wer »eigentlich« nicht gerne früh aufsteht, muß es vielleicht im Blick auf seine Arbeitsstelle tun. Die Arbeit im Betrieb oder im Haushalt »rhythmisiert« den ganzen Tag. Es gibt feste Pausenzeiten, Essenszeiten, Arbeitszeiten. Auf Ämtern muß man zu genau festgelegten Zeiten erscheinen, sonst erreicht man mit Garantie nichts. Die Kinder haben all das vom Kindergarten an zu lernen. Der prall gefüllte Terminkalender zwängt nicht selten schon Grundschulkinder in ein enges Korsett. Diese Ordnung gibt dem Menschen einerseits Sicherheit und Orientierung, andererseits knechtet sie ihn manchmal, und er beugt sich nur zähneknirschend. Die »mobile« Gesellschaft (Gleitzeit, größere Beweglichkeit durch das eigene Auto ...) versucht, den Druck dieses »Alltags-Gehorsams« zu erleichtern. Doch das gelingt nur zu einem geringen Teil. Der Mensch muß sich beugen, damit er in dieser Gesellschaft überlebt und damit alle leben können. Wer diesen Alltags-Gehorsam nicht in genügendem Maß leistet, gerät an den »Rand« der Gesellschaft. Das ist der Preis, den er für seine (vermeintliche oder wirkliche) Freiheit bezahlt.
Wer schließlich von einer Krankheit getroffen wird, ist herausgefordert, sein Leben in engen Grenzen (oft im buchstäblichen Sinn: im Krankenbett) zu gestalten, sich von der Krankheit in Gehorsam nehmen zu lassen. Wer gesund werden will, hat sich normalerweise den Ratschlägen seiner Ärzte zu fügen. Alte Lebensfäden werden durch

Abschied und Tod zerrissen, neue müssen geknüpft werden. Überhaupt gehört es zum menschlichen Leben, Liebgewordenes um der veränderten Situation willen verlassen zu können und auf das zu hören, was sich je neu zuspricht. Wer nicht fähig ist, auf solche Herausforderungen des Lebens Antwort zu geben, stagniert in seiner Entwicklung, wird zurückgeworfen auf sein eigenes Ich oder gerät schließlich gar in Regression und verfällt in kindliche Verhaltensweisen.

Von Kindesbeinen an ist dem Menschen also aufgetragen, zu »tun, was der Tag verlangt« – so ein Wort des Seligen Pater Kaspar Stanggassinger, eines Redemptoristen, der zur Jahrhundertwende gelebt hat. »Tun, was der Tag verlangt«, das heißt auch: dem Heute den Vorrang vor dem Gestern und dem Morgen geben. Wer in erster Linie an der Vergangenheit hängt – egal, ob als »goldenes Zeitalter« oder als »finstere Epoche« – oder wer immer nur vom Morgen träumt: beide versäumen das Heute und sind dem, was sich *heute* zuspricht, nicht gehorsam. Aus all dem wird deutlich, daß ein gewisses Maß an »Gehorsam« zu den Grundgegebenheiten geglückten Menschenlebens gehört.

Es gibt aber doch auch ...

... einen »Gehorsam«, der Leben mehr stört als aufbaut. Er kann Menschen dazu bringen, Dinge zu tun, die sie von selbst nie tun würden. Dabei muß noch gar nicht an die Greuel des Dritten Reiches oder anderer totalitärer Staaten von gestern und heute gedacht werden. Es genügt, an die zerstörte Existenz von Menschen zu denken, die zu sehr auf die Verlockungen der Werbung gehört und sich hoffnungslos verschuldet haben. Es ist erschreckend genug, Menschen zu erleben, die keine eigene Meinung mehr haben, sondern nur mehr das vertreten, was »man« sagt oder tut. Diese Macht des »man«, die Menschen zu Sklaven macht, hat der verstorbene Tübinger Alttestamentler Fridolin Stier unnachahmlich beschrieben:

»Wer ist Man? Oder ist zu fragen, was Man sei – ein Sammel-Ich? Ein apersonales Es? Ich schreibe Man groß. Denn Man ist eine Großmacht. Überall krieg ich's mit Man zu tun, alle Tag' macht Man mir zu schaffen. Man ist in mir, Man ist um mich herum, ich lebe im Man. Ich erschrak, als ich eines Tages entdeckte, daß ich bin, wie Man ist. ... Man ist mächtig, Man ist auch schöpferisch! Wer bin ich, wer bist du? Ton sind wir, und Man ist der Töpfer. Man ist nicht laut, trampelt nicht in Holzschuhen herum, von weitem zu hören, Man arbeitet leise, Menschen formend nach seinem Bild, nicht prahlend wie Pro-

metheus. Aber Mans Werke sind Pfusch. Man-Menschen laufen mit Buckeln herum, ihre Augen sind blöd, ihre Ohren doof. ... Man geht mit der Zeit. Nebst den althergebrachten Methoden, mit denen Man in Dörfern, Kleinstädten, Kirchengemeinden die Leute beherrscht, gebraucht Man heute modernste Apparaturen, mischt sich in Funk- und Fernsehprogramme ein, treibt sich in Redaktionsstuben herum, managert in Werbeagenturen mit, ständig darauf bedacht, Menschengesichter zu Man-Gesichtern umzumodeln. Der Herdenmensch ist sein Ideal. Ich hasse Man!
Man tritt nie öffentlich auf, publicity wäre ihm ein Greuel. Man versteckt sich hinter Decknamen, nennt sich zum Beispiel gern Trend und lacht, wenn ihm dann die Leute wie die Ratten von Hameln nachlaufen. ... Man ist der unsichtbare Boß. Kein Mensch hat ihn gesehen. Aber alles fürchtet sich vor Man. Sogar die Leute, die nicht einmal wissen, daß es Man gibt, haben Schiß vor ihm. Man kann Man nicht entrinnen. Ausbrechen aus dem Kerker? Ich warne. Man wacht am Tor. Freiheit der Kinder Gottes? Wovon träumst du? Wach auf! Freiheit ist nicht Mans Parole. Darum hasse ich Man« (Stier 1981, 21f).
Neben dieser »unheimlich-heimlichen« Macht des »man«, die »Abweichler« als Exoten abstempelt oder ihnen vorwirft, den Spaß zu stören, wurden viele Menschen ausdrücklich im Namen des Gehorsams zerstört und haben sich zerstören lassen. Es gibt auch eine krankmachende und lebensverneinende Geisteshaltung des Gehorsams. Gegen ihr Unwesen – sei es in Familie, im Staat, in der Kirche – ist energisch Protest einzulegen. Dieser Protest speist sich aus der Überzeugung von der Würde jedes einzelnen Menschen und aus den Quellen einer gesunden christlichen Spiritualität.

Gottes Gehorsam

Ein gewagtes Wort! Darf man sagen, daß Gott gehorsam ist? Sicher, ein mißverständlicher Ausdruck. Doch Gott hört. Gott sieht hin. Gott antwortet. Er handelt nach dem, was er hört. Gott ist also gehorsam. Nicht zuerst das Geschöpf ist es, das gehorsam ist. Im Gegenteil: Die Bibel ist voll von »Ungehorsams-Geschichten« der Menschen.
Gott aber hört. Er nimmt das Stöhnen des Volkes wahr (Ex 3,7), er verschließt sein Ohr nicht vor dem Schreien der Witwen und Waisen (Ex 22,22). Er hört auf das Leid einzelner, die geknechtet werden. Eine der bewegendsten Erzählungen im Alten Testament schildert das Schicksal der Hagar, der Magd Abrahams und Saras.
Jahwe hat Abraham Nachkommen verheißen, »zahlreich wie die

Sterne am Himmel« (vgl. Gen 15,5). Doch Abraham und Sara, kinderlos alt geworden, sehen nicht, wie das geschehen soll. Ihre Geduld scheint erschöpft. Sie wollen die Erfüllung der Verheißung eigenmächtig herbeiführen. Sara kommt auf eine Idee, wie das Versprechen Jahwes endlich Gestalt annehmen könnte: Sie greift zurück auf die alte Rechtsordnung, nach der es möglich ist, daß der Mann auch mit der Magd seiner Frau rechtmäßige Nachkommen zeugen kann. So sagt Sara zu Abraham: »Jahwe hat mir Kinder versagt. Geh zu meiner Magd! Vielleicht komme ich durch sie zu einem Sohn« (Gen 16,2). Hagar wird von Sara als eine Art Leihmutter benutzt. Abraham hört auf Sara und schläft mit der ägyptischen Magd Hagar. Hagar, die Sklavin, wird nicht gefragt; sie ist buchstäblich mit Haut und Haaren, mit Leib und Leben in der Hand ihrer Herrin, gänzlich zum Objekt erniedrigt.

Was Sara zeitlebens nicht geschenkt war, geschieht an Hagar: Sie wird schwanger. Nun hat sie mit dem Kind in ihrem Leib etwas, das Sara, die Mächtige, sich nicht selbst beschaffen konnte. Sara wird »leicht in ihren Augen« (Gen 16,4). Hagar beginnt, gegen ihre Herrin aufzubegehren. Sara kann das nicht verkraften. Sie wird eifersüchtig. Sie merkt, daß Hagar – die Fruchtbare – sich ihr überlegen fühlt. Bitter beklagt sie sich bei Abraham. Hagar wird in all dem nicht gehört. Es wird bloß *über* sie gesprochen, *über* sie verhandelt, nie mit ihr. Sie hat keine Stimme, sie wird nicht gefragt. Die Frage drängt sich auf: Auf welche Seite wird Gott Jahwe sich stellen?

Abraham überläßt Hagar Saras Händen. Sara behandelt Hagar nun so hart, daß diese es nicht mehr aushält und davonläuft. Jetzt ist sie zwar der Unterdrückung Saras und der Unverläßlichkeit Abrahams entflohen – zugleich aber allein und verlassen in der Wüste. An einem Brunnen macht sie Rast.

In Gestalt des Engel des Herrn (*malak JHWH*) macht sich Jahwe selbst auf die Suche nach der Magd Abrahams, nach Hagar, die sich aus dem Gehorsamskonflikt mit Sara weggestohlen hatte. Der Engel Jahwes ist der erste, der Hagar als Person anspricht und sie zu Wort kommen läßt. Er fragt: »Woher kommst du und wohin gehst du?« Hagar weiß eigentlich nicht, was für ein Ziel sie hat. Sie weiß nur, von wo sie geflüchtet ist: von ihrer »Herrin« Sara.

Die Erzählung bleibt hier nicht stehen. Dieser Frau auf der Flucht vor ihren »Herren« wird zugesagt: »Jahwe hat auf deine Demütigung gehört« (Gen 16,11). Leben in unzählbaren Nachkommen wird ihr, der »ungehorsamen« Magd, die eigentlich nur für Abraham und Sara zu gebären hatte, verheißen. Ein Leben, das aus der verwickelten und unheilvollen Dreiecksbeziehung Abraham – Sara – Hagar entstanden ist. Jahwe hat Macht, selbst aus solchen unglückseligen, schuldbela-

denen Situationen Leben und Segen entstehen zu lassen. Nicht für die Träger der Verheißung – Abraham und Sara – entscheidet Jahwe an dieser Stelle, sondern für Hagar. Er steht auf ihrer Seite, auf der Seite derer, die keine Stimme hatte, auf der Seite derer, die benützt worden ist, von der nur Gehorsam im Sinn von Unterwerfung gefordert war. Hagar spürt und erkennt das. Sie nennt Jahwe: »El Roi«, ein Gott, der nach mir schaut.
Die Gottesbegegnung Hagars spielt sich bezeichnenderweise an einem Brunnen ab. Hagar nennt ihn in der Rückschau: »Brunnen des Lebendigen, der nach mir schaut« (Gen 16,14). Wo Gott nach dem Menschen schaut und auf seine Not hört, da sprudeln die Wasser des Lebens, da wird neu Leben möglich. Weil Gott auf sie gehört hat, ist es auch Hagar möglich, auf ihn zu hören: Hagar kehrt zu ihrer »Herrin« Sara zurück, in das alte Verhältnis des Oben und Unten, wie es ihr der Engel des Herrn zugemutet hat. Aber sie wird verändert zurückkommen. Ihr Sohn wird »Ismael« genannt werden, das heißt: »Gott hört«. Als Hagar nach der Geburt des Isaak noch einmal in Not gerät – auf Saras Wunsch hin entläßt Abraham die Magd samt ihrem Sohn –, hat sich Ismaels Name zu bewähren (Gen 21,9–21). Wird Jahwe wiederum hören? Hagar darf erneut die Erfahrung machen, daß Gott den Schrei der Leidenden hört. Nach ihrer Vertreibung findet sie einen Brunnen mitten in der Wüste von Beerscheba. Das Kind und sie werden gerettet. Das Leben geht weiter, Zukunft ist eröffnet.
Das Alte Testament kennt viele solcher »Gehorsamsgeschichten« Gottes. Der besondere Akzent liegt dabei darauf, daß Jahwe nicht nur beiläufig hört, sondern sein Tun nach dem Gehörten ausrichtet. Im hebräischen Zeitwort für »hören« (*sm'*), dessen Subjekt sowohl Mensch wie auch Gott sein kann, schwingt deshalb immer das »Befolgen« mit. Wer auf Jahwe und seine Weisungen hört, richtet seine ganz konkrete Praxis danach aus und bleibt nicht bei Lippenbekenntnissen stehen. Auf diese Weise ahmt der wahre Israelit seinen hörenden Gott nach.
In besonderer Weise ist Gottes Ohr für die Armen und Leidenden geöffnet. Sie sind diejenigen, nach denen er sein Wirken in der Welt ausrichtet, nicht nach den Einflußreichen und Mächtigen. Von solcher Art hat auch der Gehorsam des Gottesvolkes zu sein – bis heute. Es gehört zu ihm, das Schreien derer zu hören, die im Elend leben, und das Schweigen derer zu vernehmen, die nicht zu Wort kommen und keine Stimme haben. Auf Gott hören, ihm gehorsam sein – das ist untrennbar verbunden mit dem Hören auf die Armen, Geknechteten und Unterdrückten. Wenn das Volk in diesem Sinn auf Jahwe hört, dann bedeutet das Leben für alle (Dtn 4,1). Gehorsam steht im

Dienst der Lebensmehrung. Nicht auf Gesetze, die knechten wollen, sondern auf »Gebote des Lebens« (Bar 3,9) hat Israel zu hören.

Dem gehorsamen Christus nachfolgen

Auch der Gehorsam Jesu Christi und der Gehorsam des Christen haben nur das eine Ziel: die Welt zu öffnen für das Hereinbrechen des Gottesreiches, das Leben in Fülle für alle bedeutet. Indem ein Mensch durchlässig wird für den Willen Gottes – also gehorsam –, gerät die Welt wenigstens an der Stelle seines Herzens auf den Weg des Heils. Solche Einbruchsstelle von Gottes Leben in die Welt ist im ersten und eigentlichen Sinn der menschgewordene Gottessohn. An ihm – der Gehorsam »gelernt« hat wie wir (Hebr 5,8) – zeigt sich letztlich, was es heißt, den Willen Gottes für diese Welt zu erfüllen. Auffallend ist dabei vor allem dies: Verbindet sich landläufig die Vorstellung eines gehorsamen Menschen damit, daß er die Ordnung nicht stört, sondern sie durch seinen Gehorsam bewahrt, so ist es beim Gehorsam Jesu von Nazaret geradezu umgekehrt. Das Ziel seines Gehorsams ist nicht die Erhaltung der Ordnung, sondern die Veränderung der Welt (Sölle 1968, 31–36). Er setzt nicht voraus, daß die bestehenden Spielregeln der Gesellschaft gänzlich heilvoll sind und um jeden Preis aufrechterhalten werden müssen. Ordnung im Sinne Gottes muß vielmehr erst hergestellt werden – dazu braucht es den Gehorsam Gott gegenüber. Mitunter bedingt das Ungehorsam gegenüber den weltlich und religiös Mächtigen, insofern sie bloß ihre eigene Ordnung verteidigen. Es ist sicher nicht purer Zufall, daß das Neue Testament auch terminologisch zwischen dem Gottesgehorsam (*hypakouein*) und dem Menschengehorsam (*hypotassesthai*) differenziert. Zwischen beiden waltet ein qualitativer Unterschied. Nur Gott allein gebührt absoluter Gehorsam, weil er Garant für eine heilsame Lebensordnung ist.

In die Nachfolge *dieses* freimachenden und erlösenden Gehorsams ruft Jesus von Nazaret Menschen – bis heute. Gehorsam des Christen bedeutet, das Ohr an Gottes Herz haben, um die unheilvollen Welt-Ordnungen zu durchschauen und die heilvolle Weltordnung Gottes anzusagen und vorzuleben. In der Nachfolge des gehorsamen Christus stehen hat wenig zu tun mit dem unterschiedslosen Hinnehmen aller Widerwärtigkeiten des Lebens, geschweige denn mit kriecherischer Unterwürfigkeit Menschen gegenüber. Der Menschgewordene scheut sich nicht, mit einflußreichen Leuten zu streiten. Er nimmt auch in dem Prozeß gegen ihn nicht alles widerspruchslos hin. Er ringt mit dem Gott, den er seinen Vater nennt, »mit lautem Schreien

und unter Tränen« (Hebr 5,7). Er kennt die Dunkelheit des Gehorsams Gott gegenüber, läßt sie jedoch nicht Macht über sich gewinnen, sondern ringt mit Gott wie Ijob. Genau *so* »ist er erhört und aus seiner Angst befreit worden« (Hebr 5,8).
Gehorsam – das wird aus den wenigen groben Strichen deutlich – ist ein personales, dialogisches *Geschehen,* keine statische, ein für alle Mal erreichte Haltung. Gehorsam ist immer auf dem Weg, immer in Entwicklung. Auf diesem Weg hat der Christ »ganz Ohr« zu sein und zu werden – allererst für die Stimme Gottes, die sich in vielfältiger Weise vernehmen läßt. Mit seinem ganzen Sein soll er Antwort geben. Das Eigene des Menschen ist in einem solchen Gehorsamsverständnis gerade nicht dispensiert. Vielmehr ist die Freiheit und Kreativität des Menschen herausgefordert. Er muß Antwort geben auf den Anruf – gemäß seinen Möglichkeiten, innerhalb seiner Grenzen, ohne sie indes zu eng zu ziehen oder sie so, wie er sie erlebt, grundsätzlich für unveränderlich zu halten. Sich auf Ruf und Willen eines anderen einlassen bedeutet immer zugleich Sprengung und Weitung des eigenen Horizonts. Gehorsam beinhaltet die Bereitschaft, sich aus dem eigenen »Schneckenhaus« herausfordern zu lassen.

Hörsamkeit nach außen

Gehorsam ist für viele ein Verhalten, das dazu dient, die Ordnung *innerhalb* einer Gruppe intakt zu halten. Gehorsam ist das, was »von oben« eingefordert wird und »von unten« geleistet werden muß. Die Geschlossenheit und Effektivität eines sozialen Systems wird durch den Gehorsam seiner Glieder gewährleistet. Deshalb wird er in der Familie, in Vereinen, Parteien, kirchlichen und nichtkirchlichen Gruppen meist ausdrücklich oder indirekt vorausgesetzt. Dabei kann es jedoch passieren, daß die eigenen Probleme so stark in den Vordergrund drängen, daß alle Kräfte gebunden werden. Man verliert sich in Allerweltsfragen, beäugt narzißtisch die eigenen Beziehungen und dreht sich so im Kreis. Allzu oft werden dann »Problemchen« zu Problemen, über die tage- und nächtelang gestritten werden kann. Vieles bleibt im Oberflächlichen stecken. Ein Blick über den eigenen Zaun erscheint bloß als zusätzliche Belastung und Zumutung. Es kann dann jedoch leicht dazu kommen, daß einst gutgemeinte Konzepte und Theologien zu Ideologien versteinern und sich selbst absolut setzen. Andersgeartete Entwicklungen und Anregungen von außen werden selbstsicher abgewehrt. Die Gruppe schottet sich ab. Man meint vielleicht sogar noch, Gott zu gehorchen, und versteift sich dabei nur auf die eigenen Lieblingsideen oder kümmert sich um

das Wohlergehen der eigenen Gruppierung. Im Namen des evangelischen Rates des Gehorsams muß gegen solche Tendenzen vehement die Fähigkeit einer »Hörsamkeit nach außen« (Metz 1977, 25) gefordert und gefördert werden. »Hörsamkeit nach außen« bedeutet, möglichst unverstellt und vorurteilslos wahrzunehmen, was in Welt und Gesellschaft am Werden ist. Denn das Reich Gottes, das Jesus verkündigt, wächst hinein in die Welt. Jesus selbst, nach einem Wort des antiken Theologen Origenes das »Reich Gottes in Person«, hat Fleisch angenommen, ist in die Welt eingegangen. Dieses Prinzip hat er auch seiner Jüngerschaft mit auf den Weg gegeben. Die »Welt« ist jener Ort, an dem sich ihr Glaube zu bewähren hat. Sie sind »in der Welt«, wenn auch nicht »von der Welt« (vgl. Joh 17,11–19). Leider wird jedoch »die Welt« von seiten der Kirchen immer noch allzu rasch als »Widerpart« für das Leben als Glaubende angesehen, anstatt als »Kontext«, in dem sich nun einmal das Leben abspielt und in den hinein die christliche Botschaft gesagt wird.
Dabei geht es gewiß nicht um unterschiedslose Anpassung. Manches ist zu fördern, anderes abzulehnen. Um der richtigen Reaktion willen braucht es ein aufmerksames Hinschauen und Hinhören. Es wäre wichtig, daß auch überzeugte Christen sich mit den Gebieten beschäftigen, in denen über die Zukunft der Menschheit entschieden wird. In einer Welt der kommunikativen Vernetzung können sich Christen nicht von aktuellen ethischen Problemen, vom Geschehen in den Medien und in der Politik oder von Fragen der Wirtschaft unberührt wähnen oder sie strikt von einem bloß »innerlichen«, privaten Glauben trennen. Dennoch ist in manchen religiösen Gruppen und Zirkeln, auch christlichen, ein Rückzug auf den »spirituellen« Bereich festzustellen. Ohne lebendiges Interesse an der Welt und ihren Menschen fehlt diesen Christen das notwendige Instrumentarium, um die »Zeichen der Zeit« zu erkennen und sie im Licht des Evangeliums zu deuten.
Ein kritisches Wort ist da zuweilen notwendig. Doch nicht immer sind Anklage oder Abgrenzung angebracht. Die »Zeichen der Zeit« deuten – das kann auch heißen, die in neuen Entwicklungen waltenden *Werte* zu entdecken. Ein positives Beispiel dazu ist für mich, daß Papst Johannes Paul II. in seinem »Brief an die Frauen« nicht nur (wie kirchlich geschulte Ohren erwarten) den Frauen als Müttern oder Ordensfrauen dankt, sondern ausdrücklich den »berufstätigen Frauen«: *Dank sei dir, berufstätige Frau, die du dich in allen Bereichen des sozialen, wirtschaftlichen, kulturellen, künstlerischen und politischen Lebens engagierst, für deinen unverzichtbaren Beitrag zum Aufbau einer Kultur, die Vernunft und Gefühl zu verbinden vermag, zu einem Verständnis von Leben, das stets offen ist für den*

Sinn des »Geheimnisses«, zur Errichtung wirtschaftlicher und politischer Strukturen, die mehr Menschlichkeit aufweisen (Brief an die Frauen 2).
Das sind relativ neue Töne in kirchlicher Lehrverkündigung. Sie hat ja lange Zeit die Berufstätigkeit der Frauen fast nur problematisch gesehen. Dieses Mal greift der Papst die positiven Aspekte des beruflichen Aufbruchs der Frauen auf. Schmerzlich berührt nur, daß Johannes Paul II. den Beitrag, den Frauen längst an entscheidenden Stellen für die Kirche leisten, nicht ebenso würdigt.
Das Stichwort »Hörsamkeit nach außen« steht in Beziehung zum ignatianischen Grund-Satz des »Gott in allen Dingen suchen und finden«. Gehorsam – das kann eben auch bedeuten, mich auf den Weg machen, um die Stimme Gottes in dem zu vernehmen, was mich umgibt, was sich mir zuspricht, um so die eigene Sendung zu entdecken. Ohne dieses Hinhören und Horchen kann es leicht passieren, daß einer zwar meint, Gott und den Menschen zu dienen, letztlich jedoch nur seine eigenen Pläne anderen überstülpt.

Hörsamkeit nach innen

Daneben gibt es auch etwas, das ich »Hörsamkeit nach innen« nennen möchte. Mein eigenes Leben spiegelt mir, was für mich und meinen persönlichen Weg wesentlich ist. Ich höre auf meine Geschichte, meine Gefühle und Gedanken, auf meine Begabungen und Grenzen, ja sogar auf meine Schwachstellen und Lebenswunden. Es kann sein, daß gerade Verwundungen und Versagen mir neue Dimensionen meines Lebens eröffnen – wenn ich nur den Mut und die Geduld finde, mich ihnen zu stellen. Anselm Grün spricht in diesem Zusammenhang von einer »Spiritualität von unten«. Viele warten darauf, daß Gott ihnen auf unmittelbare und »großartige« Weise, »von oben« Wege zeigt. Dabei übersehen sie, daß längst schon Fährten gelegt sind durch die »bellenden Hunde« (Grün 1994) in uns, die nach Aufmerksamkeit verlangen, um uns zu verborgenen Schätzen zu führen. »Bellende Hunde« – damit meint Anselm Grün: Ängste, Zweifel, Verletzungen, psychosomatisch bedingte Krankheiten. Wie fruchtbringend solches Hinhören auf Krankheiten und Schwachstellen sein kann, habe ich selbst erfahren.
Fast ein Jahrzehnt lang bekam ich immer wieder Abszesse. Verschiedene Ärzte verschrieben verschiedene Salben – die reichten dann auch »zwischendurch« zur Selbstbehandlung. Ich gewöhnte mich daran, wenn es auch manchmal unangenehm war. Im Normalfall verschwieg ich es schamhaft, wenn es wieder einmal so weit war. Doch

eines Tages ging es nicht mehr: Mehrere Abszesse auf einmal plagten mich, unter anderem in beiden Ohren. Mein Hausarzt war dann der erste, der zwei Dinge tat: Er schnitt etliche Abszesse auf und sprach mich auf psychische Belastungen an. Damit begann ein neuer Weg für mich: Ich setzte mich intensiver mit dem auseinander, was mich plagte und unzufrieden machte. Ich versuchte nicht mehr, möglichst alles zu schlucken, sondern auch einmal zu schimpfen oder mich bei guten Freunden auszureden. Manches muß eben wie die Abszesse »eröffnet« werden, sonst wird der Druck zu groß! Ich lernte zu sehen, daß es spezifische Situationen gibt, die mich aufgrund meiner Geschichte und Erziehung besonders strapazieren und »empfänglich« machen für die Abszesse. Manchmal entdeckte ich, daß tief in mir eine Unzufriedenheit ihr Unwesen trieb, die ich aber noch nicht bewußt wahrgenommen hatte. Damit schützte ich mich davor, etwas ändern zu müssen. Denn das hätte mir Konflikte beschert, und die fürchtete ich sehr. Doch die innere Unzufriedenheit ließ mich oft nicht zum vollen Leben kommen. Nach und nach entwickelte ich eine neue Aufmerksamkeit für meinen Körper – und damit für meine Seele. Ein wichtiger Schritt war, daß ich die Abszesse als meine »Freunde« sehen lernte, die mir etwas aus meinem Inneren signalisieren wollten. Dazu kam, daß ich – zeit meines Lebens mollig – aufgrund einer Diät abgenommen habe und nun zum ersten Mal schlank bin. Das hat mein Selbstbewußtsein wesentlich gestärkt. Dieser Prozeß blieb auch auf mein geistliches Leben nicht ohne Auswirkungen. Ich entdeckte z.B. Seiten meines Gottesbildes, die mich insgeheim belasteten, und konnte daran arbeiten. Ich getraute mich, mit Gott über Geschehnisse meines Lebens zu hadern, und erfuhr zugleich deutlicher, was mir gerade durch sie an Fähigkeiten und Stärken zugewachsen ist. Ich bekam mehr Mut, meinen eigenen Stil zu entwickeln und auch dazu zu stehen. Freilich bin ich immer noch auf dem Weg. Aber ich habe das Gefühl, daß meine Freude am Leben und an Gott als Kraft meines Lebens intensiver geworden ist.
Diese Erfahrung hat mich gelehrt, wie das Hören auf die Untiefen des eigenen Inneren zu neuen Horizonten führen kann. Doch genauso wollen die Fähigkeiten des Menschen entdeckt werden. Der alte theologische Grundsatz »die Gnade baut auf der Natur auf« hat nicht an Bedeutung verloren: Meine persönliche Sendung als Christ, als Christin kann ich auch finden, indem ich meiner Begabungen gewahr werde, um sie von Gott in Dienst nehmen zu lassen. Wünsche und Sehnsüchte, die ich zulasse, können eine Botschaft für mich beinhalten, die mein Leben verändern kann.
Nicht zuletzt tut sich mir in der Stimme des Gewissens kund, wie ich mein Leben gestalten soll. Freilich ist das Gewissen nicht einfachhin

die »Stimme Gottes« in mir. Wie wäre es sonst möglich zu sagen, daß das Gewissen auch irren kann? Allerdings ist es auch nicht bloß eine anerzogene Autoritätsinstanz im Menschen, etwa eine Art Über-Ich. Das Zweite Vatikanische Konzil spricht davon, daß der Mensch im Innern seines Gewissens »ein Gesetz entdeckt, das er sich nicht selbst gibt« (Gaudium et spes 16). Der Mensch, der einigermaßen hellhörig ist, kann erfahren, daß da »etwas« in ihm ist, das ihn vor Unrecht warnt und zum Guten, ja Besseren hintreibt. Ein reifes Gewissen ist nicht immer ein »sanftes Ruhekissen«, wie das Sprichwort sagt, sondern ebenso ein Unruheherd. Es besteht manchmal auf Handlungsweisen oder Entscheidungen, zu denen der Mensch im Moment (noch) nicht bereit ist. Aufgabe für jeden Menschen bleibt eine lebenslange »Bildung« des Gewissens. Hörsamkeit nach außen und nach innen, Auseinandersetzung mit dem Wort der Bibel und der Lehre der Kirche, ein nüchterner Blick auf die Wirklichkeit, ständige Weiterbildung im Glauben sind dazu unentbehrlich. Ein solcherart »gebildetes« Gewissen bleibt nach alter kirchlicher Tradition »Letztinstanz« für den Menschen, der er unbedingt folgen muß. Gegen jegliche Versuche, es durch absolute Gehorsamsforderungen äußerer Instanzen auszuschalten, muß dieses Gewissen verteidigt werden.

Wie man zu solcher Hörsamkeit kommt ...

Hören, ein offenes Ohr für Neues und Fremdes haben, das setzt voraus, daß der Mensch nicht schon mit allem Möglichen vollgestopft ist. Eine gewisse Askese – an Beschäftigungen, an Mitteln, an Berieselung – ist deshalb unabdingbar, um das rechte Hören einzuüben. Hier berührt sich der evangelische Rat des Gehorsams mit dem der Armut: Nur wer sich arm und angewiesen weiß, ist auch bereit, sich etwas sagen zu lassen. Nur wem bewußt ist, daß noch etwas aussteht, vermag sich auf Neues einzulassen. Nur wer noch nicht alles hat, kann sich beschenken lassen. Dies gilt für den einzelnen Christen wie für die Kirche als Ganze. Auch sie wird nur fähig sein, nach innen und nach außen zu hören, wenn sie sich als »arme Pilgerin« auf dem Weg weiß und sich nicht schon als »Haus voll Glorie« versteht, dem nichts mehr fehlt.
Gehorsam als »Hörsamkeit« verlangt auch nach einer »Unterscheidung der Geister«. Nicht alles, was von außen auf uns zukommt, nicht alles, was uns aus unserem Inneren entgegentritt, weist schon in die richtige Richtung. Es muß erst noch einem Prozeß der Unterscheidung unterworfen werden. Wesentliche Hilfen eines solchen Prozesses sind das regelmäßige Gespräch mit (geist-)erfahrenen Men-

schen, das Gebet und die Konfrontation mit dem Wort Gottes in der Schriftlesung. Begleiter auf solcher »Entdeckungsreise« können die Unterscheidungsregeln des Ignatius von Loyola sein. Ignatius fordert heraus, auf die inneren Bewegungen von Trost und Mißtrost zu achten, die sich während des Erlebens einstellen. Sie können ein Hinweis darauf sein, wo Gott einen Menschen hinziehen und wovon er ihn fernhalten will. Auch eine gute Portion Realitätssinn gehört zum Unterscheidungsprozeß hinzu (vgl. Lambert 1991, 99–106; Schneider 1987, 93–110).
Eine wesentliche Hilfe, in die Haltung des gläubigen Gehorsams hineinzuwachsen, ist die Übung des »Gebets der liebenden Aufmerksamkeit«. Gemeint ist eine Rückschau auf den vergangenen Tag oder eine andere überschaubare Zeitspanne, in der sich der Mensch fragt, was die hier gemachten Erfahrungen für ihn bedeuten. »Liebend« ist dieses Zurückblicken deswegen, weil es aus einer grundsätzlich positiven, wohlwollenden Haltung sich selbst und den Ereignissen gegenüber geschieht. Erst aus dieser Einstellung heraus ist es überhaupt möglich, die entscheidende Botschaft herauszuhören. Für den Gläubigen sind dabei wichtige Schritte, sich die Gegenwart Gottes bewußt zu machen und ihn um sein Licht zu bitten, um die maßgeblichen Punkte überhaupt erkennen zu können. Das bildet die Basis, die vorgenommene Zeitspanne ohne Wertung zu überblicken und das Gebet in Dank, Lobpreis oder Bitte um Vergebung einmünden zu lassen. Zu diesem Gebetsweg, der zu einer aufmerksamen und hörenden Lebenshaltung verhelfen will, gehört es auch, auf die nächste Zeit vorauszuschauen und um Kraft für die nötigen Schritte zu bitten, die sich aus der Reflexion des Vergangenen ergeben haben (vgl. Lambert 1991, 66–73).

Gott ge-hören

Gehorsam und Gehören stehen miteinander in einer Wechselwirkung: Ich höre auf den, dem ich angehöre – ich gehöre zu dem, auf den ich höre. Wenn ich zu jemandem gehören will, werde ich mich bemühen, zu hören, was er mir zu sagen hat: an Wünschen, an Bedürfnissen, an Sorgen, an Freuden, an Plänen. Indem ich höre, bekomme ich Anteil an seinem Leben. Was er mir mitteilen will, ist mir nicht gleichgültig, sondern weckt mein Interesse. Im Hören auf den anderen vertieft sich meine Beziehung zu ihm bzw. zu ihr. Ich werde mich bemühen, nach dem zu handeln, was ich gehört habe – aus Liebe, aus Zuneigung, vielleicht auch »nur« aus Solidarität. Anders herum betrachtet: Zu wem ich wirklich gehöre, wird daran

deutlich, wem ich »gehorsam« bin. Meine nächsten »Angehörigen« sind oft nicht die leiblichen Verwandten, sondern diejenigen, nach denen ich mich richte und mein Leben ausrichte. Der Lebensfaden vieler Menschen ist durch das Hören auf andere schon anders verlaufen, als sie selbst je gedacht hatten – positiv oder negativ.
In einem unbedingten Sinn ist solches »Ge-hören« nur Gott gegenüber angebracht. Wer zu ihm gehört, hört auf ihn. Wer auf ihn hört, gehört zu ihm. Im Zusammenhang mit dem rechten Hören taucht im Alten Testament immer wieder die Rede von »unserem Gott« und »seinem Volk« auf. So zum Beispiel beim Propheten Jeremia: »Hört auf meine Stimme, dann will ich euer Gott sein, und ihr sollt mein Volk sein« (Jer 7,23). Nicht von ungefähr ist es, daß das hebräische Wort *`am*, welches das Alte Testament für Israel als Volk Gottes verwendet, eine Bezeichnung aus der Familiensprache ist. Ähnlich stammt auch das hebräische Wort *go'el*, das mit (Er-)Löser übersetzt wird, aus dem Familienrecht. Gott ist nächster Angehöriger Israels, und Israel gehört zu seiner ganz persönlichen Verwandtschaft. Für Israel soll es niemand anderen geben, auf den es mit letztem Ernst hört – weder andere Götter noch mächtige Herrscher. Gott will sein Volk damit nicht knechten und im schlechten Sinn »hörig« machen. Sein Bund ist vielmehr ein Bund des Lebens: »Neigt euer Ohr mir zu und kommt zu mir, hört, dann werdet ihr leben. Ich will einen ewigen Bund mit euch schließen« (Jes 55,3).
Entflieht Israel dem Gehorsam Jahwe gegenüber, so fällt es buchstäblich in die Hand der Feinde. Immer wieder führt Jahwe darüber Klage. Er leidet, daß Israel nicht zu ihm ge-hören will, sondern sich anderen Mächten zuwendet, die es bloß in die Unterdrückung führen. Der Psalmist faßt dieses Leiden Jahwes an seinem Volk in die bewegenden Worte, die er Gott in den Mund legt: »Höre, mein Volk, ich will dich mahnen! Israel, wolltest du doch auf mich hören! Für dich gibt es keinen andern Gott. Du sollst keinen fremden Gott anbeten. ... Doch mein Volk hat nicht auf meine Stimme gehört; Israel hat mich nicht gewollt. Da überließ ich sie ihrem verstockten Herzen, und sie handelten nach ihren eigenen Plänen. Ach, daß doch mein Volk auf mich hörte, daß Israel gehen wollte auf meinen Wegen! Wie bald würde ich seine Feinde beugen, meine Hand gegen seine Bedränger wenden« (Psalm 81,9.12–14).
Das Johannesevangelium greift dieses Gedankengut auf, wenn sich Jesus als der »gute Hirt« vorstellt: »Die Schafe hören auf seine Stimme; er ruft die Schafe, die ihm gehören, einzeln beim Namen und führt sie hinaus. Wenn er alle seine Schafe hinausgetrieben hat, geht er ihnen voraus, und die Schafe folgen ihm; denn sie kennen seine Stimme. Einem Fremden aber werden sie nicht folgen, sondern sie

werden vor ihm fliehen, weil sie die Stimme des Fremden nicht kennen. ... Alle, die vor mir kamen, sind Diebe und Räuber; aber die Schafe haben nicht auf sie gehört. Der Dieb kommt nur, um zu stehlen, zu schlachten und zu vernichten; ich bin gekommen, damit sie das Leben haben und es in Fülle haben« (Joh 10,3–10).

Menschen ge-hören?

Dieses personale Modell von Gehorsam – auf jemanden hören, weil ich zu ihm gehöre und weil dieser Jemand Autorität hat – darf nicht unbesehen und undifferenziert auf menschliche Gehorsamsverhältnisse angewendet werden. Sie müssen sich immer an der Botschaft des Glaubens messen lassen. Wesentliches Kriterium ist dabei genau das, was Altes und Neues Testament als Gottes Willen für die Menschen aussagen: Leben zu mehren bis hin zum »Leben in Fülle«. Wo das vergessen wird, beginnen Willkür und Unterdrückung zu herrschen, werden Menschen von anderen abhängig und kommen so gerade nicht zum Leben: die Frau, die ihrem Mann »hörig« ist und darüber ihr eigenes Leben versäumt; der Untergebene, der alles tut, was sein Chef sagt, und dadurch in dessen Machenschaften mitverwickelt wird; das junge Mädchen, das seinen Liebhaber buchstäblich »vergöttlicht«, wird von ihm schamlos ausgenutzt und im Extremfall in die Drogen- oder Prostituiertenszene eingeführt; der Familienvater oder die Familienmutter, die ein »Guru« auf den Meditations- und Selbstverwirklichungs«trip« setzt, geben bedenkenlos den Beruf auf und lassen Partner und Kinder allein zurück; Mitglieder einer Sekte oder einer anderen fanatischen religiösen Gruppierung folgen »ohne Rücksicht auf Verluste« den Anweisungen ihrer Anführer und ruinieren ihr eigenes Leben und das ihrer Angehörigen.
Solche Beispiele zeigen, daß beim Gehorsam auch seine »sachliche Dimension« eine entscheidende Rolle spielen muß: Wohin führt es, wenn die Anordnung befolgt wird? Was beinhaltet die Forderung nach Gehorsam? Handelt es sich um eine gerechte Sache, eine kluge und der Situation angemessene Tat? Werden solche Fragen nicht gestellt, kommt es dazu, daß das Gehorchen ein eigener Wert wird, der unabhängig vom Inhalt gegeben ist. So jedoch wird der Gehorsam »weltblind«: »Er hört – in strenger, ausschließlicher Beziehung – die Stimme seines Herren, aber er sieht nichts. ... Der sach- und weltblinde Gehorsam, der nur hört, hat sich aller Verantwortung für das Aufgetragene begeben« (Sölle 1968, 23f). Schuldgefühle hält man sich dadurch vom Leib. Wie viele haben sich vor sich selbst und anderen damit entschuldigt, daß sie »nur« gehorcht haben? Doch der so

»blind« Gehorchende kann dabei selbst zum Opfer werden. Wenn nämlich die Inhalte austauschbar werden und es nur mehr darauf ankommt, daß und wie gehorcht wird, dann können auch die Befehlenden wechseln. Der einzelne wird zum Spielball anderer. Hauptsache, er funktioniert.
Beim Gehorsam im Sinn des Evangeliums dagegen muß immer klar sein, wozu er führen soll, was sein Inhalt ist. So ist Gehorsam oft eine »Dreiecksgeschichte« zwischen zwei Subjekten und einer Sache. Auf seiten dessen, der Gehorsam einfordert, bedeutet das deswegen, daß die Sache, um die es geht, einsichtig gemacht werden muß. Auf seiten des Gehorchenden zieht dies die Konsequenz nach sich, daß er sich auch für Inhalt und Ziel des Aufgetragenen interessieren muß und in diesem Sinn nicht »blind« gehorchen darf. Unter Umständen muß er sich gerade um des Gehorsams willen – nämlich der Sache gegenüber – zur Wehr setzen und Einspruch erheben. Es gibt jedoch auch die Erfahrung, daß ein Mensch sich einer Sache, einer Idee verschreibt und darüber hinaus nicht mehr die konkreten Gesichter seiner (nächsten) Mitmenschen zu erblicken vermag. »Gehorsam«, der bloß an einer Sache hängenbleibt, wird hart und selbstgerecht.

Zusammen hören – zusammengehören

Eine christliche Gemeinde kommt wesentlich durch das gemeinsame Hören zustande. Sie formt sich nicht, weil die Glieder einander so sympathisch sind, oder weil sie so ideal zusammenpassen. Kirche, christliche Gemeinden entstehen »ab extra«, von außen, vom Ruf eines anderen her, den die Glieder gemeinsam vernehmen. Dieses »ab extra« der Kirche scheint heute in vielen kirchlichen Gruppierungen verdunkelt. Man starrt auf das eigene Beziehungsnetz, in dem man sich dann allzu leicht verfängt. Frustration und Resignation bis hin zum Ekel aneinander sind Folgen dessen. Sie können nur überwunden werden, wenn die narzißtische Nabelschau aufgegeben wird und das gemeinsame Auf-Gott-Hören wieder den ersten Rang einnimmt. In Abwandlung eines Wortes von Antoine de Saint-Exupéry könnte man sagen: »Christliche Gemeinde besteht nicht darin, daß wir einander ansehen, sondern daß wir gemeinsam nach jemandem Ausschau halten und uns nach ihm ausrichten«.
Dieses »ab extra« der Kirche ist in ihr vor allem durch das Amt repräsentiert. Der Sinn des Amtes ist es, der Gemeinde gegenwärtig zu halten, daß sie ein »Gegenüber« hat, aus dem sie lebt. In spezifischen Vollzügen – Spendung der Sakramente, Wortverkündigung, Leitungsdienst – soll dies greifbar und erfahrbar werden (vgl. dazu Faber

1994). So sehr ein Amtsträger mit seiner ganzen Person seinen Auftrag auszufüllen hat, so sehr hat er zu gleicher Zeit dafür zu sorgen, daß wirklich »das Wort« ankommen kann. Schließlich hat er nicht Menschen für sich und seine Lieblingsideen zu gewinnen, sondern für Jesus Christus, das Wort Gottes schlechthin. »Wo der Amtsträger das Wort des Evangeliums hintanstellt und vermeint, originellere oder zeitgemäßere Impulse geben zu können, verrät er seinen Dienst. Gerade so hält er die Christen in Unfreiheit und die Gemeinde in Abhängigkeit von sich selbst, statt sie – wie es ihm aufgetragen ist – an ihren eigenen Ursprung und ihre eigene Geschichte zu binden, wo ihr Gott selbst begegnet« (Faber 1994, 117). Deshalb ist es unverzichtbar, daß der Wortlaut des Evangeliums nicht im Wortschwall der Auslegung untergeht. An bestimmten Stellen der Feier hat deswegen auch die persönliche Interpretation des Liturgen hinter eine formalisierte Liturgiesprache zurückzutreten. Wenn ein anderes Gemeindemitglied den Dienst der Lesung übernimmt, wird deutlich, daß auch der Amtsträger selbst sich hineinstellt in die Gemeinde der Hörenden. Die Kluft zwischen »lehrender« und »hörender« Kirche wurde oftmals künstlich aufgebaut. Zunächst und ursprünglich sind alle Hörende.

Es ist wichtig, daß das gemeinsame Hören eingeübt und auf sinnenhafte Weise erfahren werden kann. Das könnte zum Beispiel bedeuten, daß die Teilnehmer eines Bibelkreises nicht sofort selbst mitlesen, sondern zunächst einmal auf den Text hören, den einer ihnen zuspricht. So wird klarer erkennbar, daß die Gruppe als Ganze vor dem Wort steht und nicht bloß die einzelnen von ihm getroffen werden. In unserer vom Individualismus geprägten Gesellschaft scheint dies wesentlich schwieriger als in anderen Gesellschaften. Ich habe zum Beispiel die Erfahrung gemacht, daß beim Weg des »Bibel-Teilens« – einer Art des Umgangs mit dem Wort Gottes, die aus den kirchlichen Basisgemeinden Afrikas stammt – jener Schritt der schwierigste ist, wo es darum geht zu fragen: Was hat dieses Wort der Schrift *uns,* der Gemeinde von X., der Ordensgemeinschaft Y., zu sagen? Meist gelingt dieser Schritt nicht oder wird nur eine Art »Anhängsel« an das, was als »das Eigentliche« erfahren wird: die Botschaft des Gotteswortes *an mich.* So wichtig und unabdingbar dieser Blick auf den einzelnen ist, so entscheidend und notwendend wäre auch die Auseinandersetzung mit dem, was der *Gemeinschaft* als Orientierung auf den Weg mitgegeben ist. Denn dann würde deutlicher, daß sie zusammen hört, zusammengehört und nicht zuletzt zusammen in Einigkeit handelt.

Aufeinander hören

Es ist beileibe nicht selbstverständlich, daß Menschen aufeinander hören. Oft wird nur beiläufig oder »mit halbem Ohr« hingehört. Zwischendurch schreckt dann mancher auf: »Was hast du da eben gesagt?« Bei bestimmten Menschen wird schon im vorhinein »abgeschaltet«. Gewiß – es gibt »Schwätzer«. Aber könnten nicht auch in ihrem Geschwätz Goldkörner verborgen sein, die verlorengehen? In unserer Gesellschaft haben ganze Menschengruppen keine Chance, ihre Anliegen und Meinungen wirklich »zu Gehör« zu bringen: Asylbewerber, Kriegsflüchtlinge, Nichtseßhafte ... Für gewöhnlich braucht es eine bewußte Entscheidung, aufeinander zu hören: in Politik und Gesellschaft, in Familie und Kirche. Nur so kann in all diesen Bereichen eine Kultur des Miteinanders und der wechselseitigen Verantwortung wachsen. Die christlichen Kirchen hätten alle Voraussetzungen dazu. Denn alle Christen sind aufgrund von Taufe und Firmung mit dem Geist begabt und befähigt. Es gilt, jene Wirklichkeit ernst zu nehmen, die Paulus in das Wort gefaßt hat: »*Alle* wurden wir mit dem einen Geist getränkt« (1 Kor 12,13). Deshalb hat jeder eine Botschaft und ist jeder eine Botschaft an die anderen. Es wird Aufgabe der Kirchenleitungen sein, dieser Wahrheit auch in äußeren Strukturen deutlicher Gestalt zu geben. Doch mit ihrer praktischen Umsetzung braucht deswegen nicht gewartet werden. In Pfarrgemeinden, Ordensgemeinschaften, kirchlichen Gruppierungen, christlichen Familien gibt es unzählige Chancen, daß einer für den anderen ein Wort hat, das Hoffnung und Orientierung gibt, mehr noch: daß einer für den anderen zum Boten Gottes werden kann. Das hat Wilhelm Willms in einem Osterlied so ins Wort gebracht:

Welcher Engel wird uns sagen,
daß das Leben weitergeht?
Welcher Engel wird wohl kommen,
der den Stein vom Grabe hebt?
   Wirst du für mich,
   werd ich für dich
   der Engel sein?
Welcher Engel wird uns zeigen,
wie das Leben zu bestehn?
Welcher Engel schenkt uns Augen,
die im Keim die Frucht schon sehn?
   Wirst du für mich,
   werd ich für dich
   der Engel sein?

Welcher Engel öffnet Ohren,
die Geheimnisse zu verstehn?
Welcher Engel leiht uns Flügel,
unsern Himmel einzusehn?
Wirst du für mich,
werd ich für dich
der Engel sein?

Für die fruchtbare Auslegung des Glaubens sind alle Christen verantwortlich. Ein jeder von uns hat dabei eine besondere Gabe einzubringen.
Manchmal geben gerade diejenigen, von denen es niemand erwartet, den entscheidenden Hinweis. Deswegen empfiehlt der heilige Benedikt in seiner Ordensregel, in wichtigen Sachen auch den »jüngsten Bruder« zu hören, also den, der sich normalerweise in der Rolle des Hörenden und Lernenden befindet. Auf die Situation christlicher Gemeinschaften übertragen, könnte dies heißen: Nicht bloß diejenigen haben etwas zu sagen und zu entscheiden, die sich »immer schon« in der Gemeinde engagieren, sondern auch Neuzugezogene, Fremde, Gäste, Menschen am Rande – oder Jugendliche. Könnte denn nicht in den Ideen der jungen Leute Gottes Willen für die ganze Pfarrgemeinde Gestalt annehmen? Werden ihre Vorstellungen nicht allzu rasch als unerheblich, weil zu idealistisch oder zu radikal, abgetan? Geht der Gemeinde dadurch nicht auch etwas von der »Frische« des Evangeliums verloren? Freilich braucht es Mut, sich auf »junge Ideen« einzulassen, und oft werden sie einem Prozeß der Läuterung unterzogen werden müssen. Allerdings ist darauf zu achten, daß ihnen dabei nicht alle Spitze genommen wird, sondern etwas von ihrem Schwung und ihrer Neuheit erhalten bleibt. Auch andere kirchliche und nicht-kirchliche Institutionen leiden öfter unter der Schwerkraft des Althergebrachten. Manchmal bluten sie u.a. deswegen aus, weil junge Leute keine Chance einer Mitgestaltung sehen und deshalb fern bleiben. Eine Selbstreflexion in Gruppen, Gemeinden und Gemeinschaften könnte auch darin bestehen, zu fragen, ob die Stimme des »jüngsten Bruders«, der »jüngsten Schwester« auch zu Gehör kommen darf, solange diese nicht selbst angepaßt und träge geworden sind. Drängt nicht Gottes Geist auf Erneuerung und Veränderung? Wer um Gottes Geist betet, wie es unter Christen oft selbstverständlich geschieht, muß immer gewahr sein, daß er in seiner Ruhe gestört wird – nicht selten durch die unbequemen Ideen anderer. Wer betet: »Komm, Heiliger Geist«, muß eigentlich mitmeinen: »Komm, und störe mich«. Solche Störung wird im allgemeinen eher unangenehm als befreiend erfahren. Und doch ist sie meist ein erster

Schritt in die Zukunft. Könnte Gottes Geist deshalb nicht gerade aus dem Unkonventionellen und »Aufrührerischen« sprechen?

Gemeinsame Entscheidungsfindung aus dem Glauben

Das »Zusammen-ge-hören« und das »Aufeinander-Hören« werden dort greifbar, wo eine Gruppe versucht, in wichtigen Dingen einen Weg der »Entscheidungsfindung aus dem Glauben« zu gehen. In einem solchen Prozeß wird sowohl deutlich, daß es um eine gemeinsame Sache, ein gemeinsames Ziel geht, das die Betroffenen zusammenbindet, als auch, daß der Beitrag eines jeden wertvoll und wichtig ist. Entscheidende Impulse für eine solche Art, zu Entscheidungen zu kommen, erwachsen aus der ignatianischen Tradition. Dabei ist gleich anzumerken, daß es sich keinesfalls um einen »leichten« Weg handelt, der bloß die Last der Verantwortung von den Schultern der Leitenden hebt. Es ist vielmehr ein oft mühsamer Vorgang. Die erste Voraussetzung dafür ist deshalb, daß die Betroffenen diese Art der Entscheidung hochschätzen und bereit sind, sich darauf einzulassen. »Erst wenn Entscheidungsprozesse in einer christlichen Gruppe als ›normale‹ Lebensäußerung des gemeinsamen Lebens im Heiligen Geist angesehen werden, ist die psychologisch-geistliche Voraussetzung gegeben, sie sinnvoll durchzuführen. Erst wenn eine Gruppe nicht mehr hauptsächlich als Störung auf dem individuellen Weg erlebt wird, sondern als lebendiger christlicher Begegnungsraum, als ›Volk Gottes‹, als ›Leib Christi‹, kann gemeinsames Entscheiden neben der Mühe auch tiefe Freude machen« (Lambert 1991, 155f). Eine weitere Voraussetzung ist, daß die einzelnen fähig sind bzw. dazu befähigt werden, Sach- und Beziehungsebene auseinanderzuhalten sowie eine angemessene Urteils- bzw. Konflikt- und Konsensfähigkeit zu entwickeln.
Hilfreich war für mich eine Unterscheidung von Friedemann Schulz von Thun (1981). Er arbeitet heraus, daß wir Menschen mit vier verschiedenen »Ohren« hören und ebenso auf vierfache Weise Signale aussenden: Es gibt

- eine »Sach-Ebene«: »Es hat zwei Grad unter Null«.
- eine »Selbstoffenbarungs-Ebene«: »Ich vertrage solche Kälte nicht gut«.
- eine »Beziehungs-Ebene«: »Paß auf dich auf – es ist kalt!«.
- eine »Appell-Ebene«: »Zieh dir eine Jacke an, es ist draußen kalt!«.

Was hier fein säuberlich geschieden ist, ist in unserer Kommunikation oft vermischt. Störend wirkt, wenn z. B. jemand aus einer rein sachlich gemeinten Aussage (»Es ist draußen kalt«) bereits einen (moralischen) Appell heraushört (»Zieh dir gefälligst eine Jacke an!«) und sich gegen diesen wehrt. Der »Sachliche« bleibt dann verwirrt zurück und weiß nicht, was los ist. Solche Kommunikation »über Kreuz« tritt häufig auf und wirkt besonders bei Entscheidungen blockierend.

Ein Prozeß der »Entscheidungsfindung aus dem Glauben« will auch helfen, solche Störungen abzubauen, damit nicht »negative Emotionen, fixe Ideen, Halsstarrigkeit, Aggressivität und Lethargie den Weg der Gruppe enorm blockieren« (Lambert 1991, 156). Dem dient ein Wechsel zwischen Austausch, Reflexion, gemeinschaftlichem und persönlichem Gebet. Eine Form des gemeinsamen Weges, die sich bewährt hat, sieht etwa so aus:

Die Gruppe macht sich bewußt, daß sie als Gruppe vor Gott steht und auf ihn hören will. Ein Gebet zum Heiligen Geist könnte den Beginn des gemeinsamen Prozesses markieren.

Zunächst zieht sich jedes Glied der Gruppe zurück. In dieser Einzelbesinnung geht es vor allem darum, in die Haltung der »Indifferenz« einzutreten. Das bedeutet: erspüren, was ich unbedingt wünsche, festhalte oder fürchte, und versuchen, im Vertrauen auf Gott davon loszulassen. So wächst die Bereitschaft und Offenheit, daß Gottes Wille geschehen soll. Der sachlichen Auseinandersetzung dienen Fragen, auf die sich die Gruppe zuerst geeinigt hat: Was spricht dafür, diese Sache zu tun? Was spricht dafür, diese Sache nicht zu tun? Es hat sich als hilfreich erwiesen, den zweiten Teil der Doppelfrage gerade so, nämlich *positiv* zu formulieren. Dadurch werden die Konturen schärfer, die Argumente klarer. Ein wichtiges Signal geben Gefühle, die bei diesem oder jenem Gedanken aufsteigen. Oft bietet es sich an, bewußt nach verschiedenen Alternativen zu suchen. »Wichtig ist dabei, nicht nur für ›die eigene‹ Position Argumente zu suchen, sondern für und gegen alle Alternativen Gesichtspunkte zur Sprache zu bringen. Dies kann helfen, eigene Voreingenommenheit abzubauen« (Lambert 1991, 158). Ziel ist nicht zuletzt, zu ertasten, inwiefern Tendenzen am Werk sind, die der Botschaft des Evangeliums entgegenstehen.

Wenn die Gruppe wiederum zusammenkommt, erhalten alle Gelegenheit, das Ihre mitzuteilen – auch die Gefühle –, ohne daß sofort darüber diskutiert wird. Nur Verständnisrückfragen dürfen gestellt werden. In einer weiteren Runde können die Teilnehmer dann sagen, was ihnen an kostbaren Gedanken hängengeblieben ist. Es kann sein, daß sich die Gruppe für einige Schwerpunkte der weiteren Überlegungen entscheidet. Eventuell muß der ganze Vorgang dann unter den neuen Vorzeichen noch einmal wiederholt werden. Es ist Sache

der Gruppe, zu erspüren, wann die Zeit für eine Entscheidung wirklich »reif« ist. Manchmal ist es dazu günstig, untereinander auszutauschen, welche Tendenzen im Moment da sind.
Bevor die Entscheidung gemeinschaftlich getroffen wird, ziehen sich alle Beteiligten für angemessene Zeit zum persönlichen Gebet zurück. In dieser Gebetszeit geht es vor allem darum, die eigene Entscheidung Gott hinzuhalten und auf die inneren Bewegungen zu achten, die sich damit verbinden. Ignatianisch gesprochen: ob sich Trost und Friede oder Mißtrost und Unfrieden einstellen. Im Vertrauen auf das Wirken des Gottesgeistes treffen die Glieder der Gruppe dann die Entscheidung, ohne sich noch einmal abzusprechen.
Ein solcher Entscheidungsprozeß bietet sich immer dort an, wo eine schwerwiegende Sache ansteht. Warum sollten nicht auch einmal ein »Familienrat« oder ein Ehepaar versuchen, so an Probleme heranzugehen? Ebenso könnte z. B. ein Pfarrgemeinderat sich anstehenden Entscheidungen stellen. Einige Beispiele: Ist die mit hohen Kosten verbundene Anschaffung von .... wirklich nötig? Sollen wir Frau X. zur Pfarrgemeinderatsvorsitzenden wählen oder besser jemand anderen? Ist es möglich, den pflegebedürftigen Elternteil aufzunehmen – unter welchen Voraussetzungen? Sollen wir als Ordensgemeinschaft die Filiale Y. auflösen, eine Neugründung durchführen oder nicht? Wenn es sich wirklich um einen gemeinsamen Entscheidungsprozeß gehandelt hat, dann sind alle an die Konsequenzen gebunden, auch jene, die eine Leitungsfunktion ausüben. Sie können nicht einfach »daran vorbei« etwas anordnen – und ebenso kann nicht »daran vorbei« gehorcht werden!

Wer leiten will, muß mehr hören

»Wenn Vorgesetzte sich einen besseren Gehorsam wünschen, dann müssen sie immer auch fragen, ob sie ihre Leitungsfunktion richtig ausüben« (Rotter 1994, 18). Auch derjenige, der ein Leitungsamt innehat – Chef, Elternteil, Pfarrgemeinderatsvorsitzende, Ordensobere, Pfarrer –, ist nicht vom Gehorsam entbunden. Damit ist nicht nur ein »Gehorsam nach oben«, einem höheren Vorgesetzten gegenüber, gemeint, sondern auch der »Gehorsam nach unten« bzw. »nach links und rechts«, den »Untergebenen«, Anvertrauten, Mitarbeitern gegenüber. Man könnte sogar sagen, daß mehr hören muß, wer leiten will und soll. So mancher Wirtschaftsbetrieb hat das neu entdeckt. Die Erfahrung hat gezeigt, daß das ganze Unternehmen davon profitiert hat. Die Impulse, die der christliche Glaube für die Ausübung von Leitungsfunktionen setzt, führen jedoch über eine reine Erfolgsorientierung hinaus. Ihr primäres Ziel ist das Hereinwachsen des Gottesreiches in diese Welt. Weil darin die Schaffung einer Atmosphäre enthalten ist, in der die Menschenwürde aller geachtet wird, sind die Weisungen der »frohen Botschaft« nicht nur für den rein religiösen, sondern auch für den »säkularen« Bereich anregend.

Lebensmehrung

Das Wort »Autorität« kommt von lat. *augere*, vermehren: Autorität hat etwas mit Lebensmehrung zu tun. Autorität ausüben heißt deshalb nicht, Macht über andere gewinnen, sondern Leben für andere ermöglichen. Wer Führung innehat, muß aus diesem Grund danach trachten, nicht alles an sich zu ziehen, sondern die ihm Anvertrauten zum schöpferischen Engagement zu ermutigen, damit die Lebenskraft aller zum Tragen kommt. In ausdrücklich christlich orientierten Gruppen haben die Verantwortlichen darüber hinaus die Aufgabe, einen Raum zu schaffen, in dem die Liebe zu Gott und zum Nächsten gedeihlich wachsen kann. So wird Leben als gottverwurzeltes und gottverbundenes gestiftet und ermöglicht. Die Strukturen der Gemeinschaft, ihre innere Ausrichtung und Spiritualität müssen an diesem Kriterium überprüft werden. Diese Art von Autoritätsausübung bedingt ein aufmerksames Hinhören auf die konkreten Personen, das Ziel der Gemeinschaft und die Erfordernisse der Umstände. Das ist spezifischer Gehorsam derer, die ein Leitungsamt innehaben. In der Nachfolge des einen Hirten Jesus Christus (Joh 10) werden so die vielen Hirten zu »messianischen Verfechtern des Lebens« (Stenger 1992, 276).

Einheit in Verschiedenheit

Leitung steht im Dienst der Einheit. Um dieser Einheit willen müssen möglichst viele in Entscheidungen miteinbezogen werden, muß der Verantwortungsträger ein offenes Ohr haben und nach Kräften versuchen, die Verschiedenheit zu integrieren, ohne sie zu nivellieren und falschen Kompromissen aufzusitzen. Der Dienst des Verantwortlichen an der Einheit muß keinesfalls darin bestehen, möglichst viele normierende Vereinbarungen zu schaffen. Vielleicht ist das viel seltener notwendig, als oft – furchtsam – angenommen wird. Statt dessen könnte sich auch herausstellen, daß das gemeinsame Ziel auf verschiedenen Wegen erreicht werden kann oder daß es gar mehrere miteinander vereinbare Ziele gibt. Wer Autorität ausübt, ist deshalb gut beraten, sich diesen Alternativen zu stellen. Sonst kommt zwar rasch eine Einheit zustande, die sich jedoch letztendlich als blasse Uniformität herausstellt (Müller A. 1964, 162). Warum sollte es, um ein banales Beispiel zu wählen, nicht möglich sein, bei unterschiedlichen Geschmacksrichtungen verschiedene Bilder in einem Haus aufzuhängen, damit alle sich ein wenig daheim fühlen? Muß sich der Geschmack eines einzigen oder einer »pressure-group« unbedingt durchsetzen? Müssen alle der »Parteilinie« – und das heißt oft der Auffassung des Vorsitzenden – absolut treu sein, oder darf es im Rahmen eines Übereinkommens eine bunte Vielfalt von Meinungen geben? Dient es nicht *mehr* der Einheit, wenn auch Erwachsenen eine Jugendliturgie »zugemutet« wird, anstatt diese in ein abendliches Ghetto abzuschieben? Ist es nicht die Hauptsache, *daß* Gott gelobt wird, egal ob mit rhythmischen Liedern oder mit solchen aus dem »Gotteslob«? Oft wird viel Energie bei sinnlosen Richtungsdiskussionen verpulvert, ohne sich endlich emotionslos zu fragen, ob es nicht mehrere gleichwertige Möglichkeiten gibt. Wird das zugelassen, dient es meist mehr der (inneren) Einheit als ein »demokratisches« Abstimmungsergebnis (das die Minderheit außer acht läßt) oder gar ein »Machtwort« dessen, der die Leitung hat.

Fehler eingestehen

Auch diejenigen, die »Machtbefugnis« über andere haben, bleiben »arme Pilger« auf dem Lebensweg und – als Christen – »arme Sünder« auf dem Weg des Evangeliums. Es schadet ihrer Autorität normalerweise nicht, wenn sie Fehler eingestehen und Schwächen kundtun. Im Gegenteil: »Die Autorität [kann] nur einen Fehler begehen, der ihr nicht verziehen wird: Fehler nicht zuzugeben« (Müller A. 1964, 265). Wer in der Nachfolge des Gekreuzigten steht, kann es sich zudem »leisten« zu versagen. Er darf auf die Solidarität derer hoffen, die sich selbst als Erlösungsbedürftige wissen. Ganz selbstverständlich können Fehler eingeräumt werden, darf auf Vergebung gehofft werden. Eltern können ihren Kindern eingestehen, daß sie falsch gehandelt haben, ohne das Gesicht zu verlieren. Ein Pfarrer kann seine Mitarbeiter und Mitarbeiterinnen um Verzeihung bitten, wenn er merkt, daß er über ihre Köpfe hinweggangen ist. Eine Chefin entschuldigt sich bei Angestellten dafür, wenn sie jemanden ungerecht behandelt hat, ohne Angst zu haben, von nun an nicht mehr als Chefin anerkannt zu werden. Die Sensibilität dafür ist bereits in vielen Bereichen des öffentlichen Lebens gewachsen. Immer mehr Menschen fragen: Warum sollten nicht auch Bischöfe oder hochrangige Politiker zugeben, einen Fehler begangen oder Unrecht getan zu haben? *Wenn* sie es tun, sollte selbstverständlich auch ihnen Vergebung gewährt werden. Vor allem einer Kirche, die als ihren »Felsen« denselben Petrus bekennt, der sich aus Angst und Kleinmut zur Verleugnung Jesu hinreißen ließ, stünde solche Kultur des Bekenntnisses und der Vergebung gut zu Gesicht. So kann ein Klima des Vertrauens und der gegenseitigen Hochachtung entstehen, das alle dazu anstiftet, Lasten und Freuden gemeinsam zu tragen.

Echtheit und Transparenz
... sind unentbehrlich für die Ausübung von Leitung. Ein konkreter Weg dafür ist, Entscheidungen durchsichtig zu machen: Eine Firmenleitung darf auf mehr Verständnis für ihre Entscheidungen hoffen, wenn sie ihren Angestellten offen sagt, *warum* eine Umstellung notwendig ist. Eine Pfarrgemeinde wird einschneidende Änderungen in der Gestaltung der Liturgie oder des Pfarrlebens leichter akzeptieren und mitvollziehen können, wenn sie über den Hintergrund der Entscheidung informiert und nicht einfach vor vollendete Tatsachen gestellt wird. Wenn auf das Anliegen einer Gruppe aus der Verantwortung für das Ganze heraus nicht eingegangen werden kann, muß versucht werden, ihr zu vermitteln, wieso dies nicht möglich ist. Ähnliches gilt für amtliche Maßnahmen im Bereich von Verkündigung und Lehre. Echtheit und Transparenz bringen auch mit sich, nicht schon Klarheit vorzuspiegeln, wo die Auseinandersetzung noch im Gang ist (Müller A. 1964, 260ff).
Wem auf irgendeine Weise Verantwortung und Hirtendienst übertragen ist, dem ist damit zugleich der Rat mit auf den Weg gegeben, ganz er selbst, ganz sie selbst zu sein. Verstellte Selbstoffenbarung wirkt immer irritierend, gerade im Bereich von Autorität und Gehorsam. Wenn jemand den »starken Mann« oder die »starke Frau« spielt, ohne es in Wirklichkeit zu sein (meist spüren das die anderen), dann kann seine Autoritätsausübung zum einen leicht in das bloße Ausüben von Druck und in ein »Spiel der Muskeln« abdriften. Zum anderen läuft er Gefahr, von den ihm Anvertrauten nicht wirklich ernst genommen zu werden. Bestenfalls werden sie »mitspielen«. Nicht weniger verheerend ist es, wenn jemand ständig Schwäche vorgaukelt. Hier wird mit den »Untergebenen« in übler Weise gespielt. Man tut so, als ob sie wichtige Ratgeber und Helfer in der Not wären, drückt letztendlich damit aber nur die eigenen Entschlüsse durch. Oder es wird an Mitleid und Verständnis appelliert, um Konfrontationen tunlichst auszuweichen.
Der »Rat« des Evangeliums lautet anders. Wem dort Autorität zugesprochen ist, darf und muß sich im Dienst dessen wissen, der sich als »Bote des Bundes« versteht. Als solchem ist es sein »Herzensanliegen«, den Vater zu offenbaren (vgl. Joh 1,18). Er tut dies gerade so, daß er *sich selbst* unverstellt offenbart und als der erkannt werden will, der er ist. Seine Autorität verheimlicht Jesus Christus dabei keinesfalls. Das wird z.B. deutlich, wenn er unmißverständlich sein »Ich aber sage euch« spricht (vgl. Mt 5,21–48) oder sich im Johannes-

evangelium machtvoll mit den Worten vorstellt: »Ich bin der Weg, die Wahrheit und das Leben« (Joh 14,6; Stenger 1992, 279–281).

Leitungskultur

Auch eine »geschwisterliche« Kirche, die ich mir mit vielen anderen wünsche, braucht Leitung. Heute ist jedoch gerade in der Kirche allenthalben eine Verwahrlosung der Leitungskultur festzustellen. Da gibt es jene, die ihre Entscheidungen über die Köpfe der Mitchristen hinweg mit psychischem und moralischem Druck durchziehen. Sie verstehen sich als alleinige Träger der Wahrheit. Andere sind überängstlich und getrauen sich nichts mehr eigenständig zu verantworten. Sie biedern sich immer denjenigen an, mit denen sie gerade zu tun haben. Ihre eigene Meinung kann niemand so recht herausfinden. Nach außen hin sieht bei ihnen vieles »demokratisch«, »geschwisterlich«, sympathisch aus. Die fatale Folge eines solchen Stils ist jedoch, daß keine klare Linie mehr zu erkennen ist. Nur der Ärger wächst auf allen Seiten, weil nichts vorangeht und alle sich – mit einem sprechenden Bildwort ausgedrückt – »verschaukelt« fühlen.
Die Impulse der Frohen Botschaft setzen die Akzente anders: Wer Leitung innehat, darf sich nicht als »Herr« aufspielen, sondern muß der Meinung anderer mit Ehrfurcht begegnen und sie in seine Entscheidungen miteinbeziehen. Gleichzeitig wird er seine eigene Überzeugung sehr wohl in die Waagschale werfen, nicht als »unmaßgebliche Meinung«, sondern durchaus als gewichtige Stimme dessen, bei dem die Fäden zusammenlaufen. Vielleicht muß er oder sie manchmal aufgrund eines tieferen Einblicks in die Sache auch eine »einsame« Entscheidung treffen und durchziehen, um der Verantwortung gerecht zu werden. Doch der Normalfall ist das nicht. Eine neu aufzubauende Leitungskultur in der Kirche (ihren Gremien, ihren sozial-caritativen Einrichtungen, ihren Ordensgemeinschaften, ihren Bistumsleitungen ...), die sich an den Werten des Evangeliums orientiert, verlangt beides: Kooperationsbereitschaft und -fähigkeit sowie Selbstand, der durch Sachverstand, Berufung und Beauftragung unterstützt wird. Für Auswahl und Schulung von Leitungspersonen in der Kirche sind damit zwei wesentliche Ziele benannt, für deren Erreichung viel mehr investiert werden müßte.

»Zurücktreten«

Wer Verantwortung trägt, muß lernen, auch »zurücktreten« zu können. Dies ist in einem zweifachen Sinn gemeint. Bekannt ist das Wort des Kirchenlehrers Augustinus: »Für euch bin ich Bischof, mit euch bin ich Christ«. Ein Thema mit Variationen: »Für dich bin ich Vorgesetzter, mit dir bin ich Mensch«. »Für euch bin ich Vater, bin ich

Mutter, mit euch bin ich Kind Gottes«. »Für euch bin ich Oberin, mit euch bin ich Schwester der Menschen«. Vom Evangelium her gesehen heißt führen und leiten nicht bloß »vorne dran sein«, sondern immer zugleich auch »mitten drin sein«. Es ist gut, wenn beides sinnenhaft erfahrbar wird.

Wo künstlich Barrieren geschaffen werden in der Meinung, nur so Autorität wahren zu können, wird höchstens Entfremdung eintreten. Wer fremd und unantastbar »immer oben« bleibt, hat letztlich keine wahren Führungschancen. Wer aber demütig von der Position des Vorstehers immer wieder »zurücktritt« in die Mitte der Gemeinschaft, steht in der Nachfolge des »dienenden Königs« Jesus Christus, der den Seinen aufgetragen hat: »Der Größte unter euch soll werden wie der Kleinste, und der Führende soll werden wie der Dienende« (Lk 22,26; Stenger 1992, 282–286). Von solcher Spiritualität her wird jeder Rede von »Oberen« und »Untergebenen« der Boden entzogen. »Zurücktreten« kann dann auch im Sinn von »ein Amt abgeben« gemeint sein. Meist muß bei einem solchen »Zurück-Treten« vieles aus der Zeit des Verantwortlich-Seins aufgearbeitet werden. Es gab Verletzungen, es gab Entscheidungen, die im Nachhinein zu betrauern sind. Oft stellt sich das Empfinden ein, nun nicht mehr gebraucht zu werden, und man muß feststellen, daß Macht auch Lust gebracht hat. Die Betroffenen müssen danach suchen, wie sie sich *jetzt* – ohne Leitungsdienst – in die Gemeinschaft einbringen. Solches erleben Eltern, wenn die Kinder heranwachsen und selbst eine Familie gründen. Sie müssen ihre neue Aufgabe als Schwiegereltern und Großeltern erst finden. Manchmal müssen sie auch schmerzlich erkennen, in der Erziehung Fehler gemacht oder Chancen versäumt zu haben. Obwohl es in vielen Ordensgemeinschaften die gute Tradition gibt, daß die Amtszeit der Oberen von vorneherein begrenzt ist, bleibt der Zeitpunkt des Amtswechsels auch bei ihnen ein kritischer Punkt. Ebenso schwierig ist es, einen leitenden Posten aus Altersgründen abgeben zu müssen oder den Hof bzw. die Firma in jüngere Hände zu legen. Manchmal braucht es einen langen Lernprozeß, bis jemand zulassen kann, daß es die Nachfolger »gar nicht so schlecht machen«, auch wenn sie noch nicht so viel Erfahrung haben und ihre eigenen Fehler machen müssen.

Die Geister unterscheiden

Je länger jemand an führender Position steht, um so größer wird – bei allem guten Willen – die Gefahr der Gewöhnung an die Macht. Die »blinden Flecken« vermehren sich – es sei denn, jemand setzt bewußt einen Kontrapunkt, um sich von nicht-evangelischem Geist frei zu machen. Diesem Anliegen dient eine aufmerksame »Unterscheidung

der Geister«, für die es auf seiten derer, die ein Amt bekleiden, eine spezifische Form gibt. »Gewissensfragen« könnten hier sein: Bin ich noch bereit, mich informieren und gegebenenfalls korrigieren zu lassen? Frage ich auch »kritische Geister« um Rat oder wende ich mich ausschließlich an diejenigen, von denen ich annehme, daß sie die Dinge wie ich sehen? Geht es mir noch um einen Dienst an anderen oder allein darum, selbst Macht und Einfluß zu haben? Bin ich nur dann zufrieden, wenn sich meine Lieblingsidee durchgesetzt hat? Die Geister zu unterscheiden kann auch bedeuten, hinzuschauen, *wie* ich versuche, meine Überzeugungen durchzusetzen, ob ich in meinen Entscheidungen genügend transparent bin oder die anderen (bewußt oder unreflektiert) uninformiert halte.
In Hans Bemmanns Märchen »Stein und Flöte« (1983) ist dem Helden des Romans, der den bezeichnenden Namen »Lauscher« trägt, von seinem Großvater eine Flöte anvertraut. Mit ihrem Spiel kann er andere in seinen Bann ziehen. Lauscher muß in schmerzlichen Prozessen lernen, daß es nicht genügt, die Leute »nach seiner Flöte tanzen zu lassen«, sondern daß es darauf ankommt, aus welcher Intention heraus er das tut. Oft meint er, etwas Gutes zu tun, und muß im Nachhinein merken, daß er doch bloß seine eigenen Ideen durchsetzen wollte und damit noch größeren Schaden angerichtet hat. Lauscher braucht fast ein ganzes Leben, um mit seinen Möglichkeiten umgehen zu lernen. Dabei wird ihm schlußendlich seine Flöte sogar aus der Hand genommen – sie ist zu gefährlich für ihn.
Für manchen Menschen, der eine natürliche Ausstrahlung besitzt, ist es wichtig, von Zeit zu Zeit über seine Macht zu erschrecken und sich zu fragen, wie und wozu er sie einsetzt. Sonst läuft er Gefahr, unmerklich in die Rolle des unhinterfragbaren »Gurus« oder des despotischen Macht-Habers zu rutschen.

Hirte und Lamm zugleich

Hermann Stenger stellt an das Ende seiner »Fünf Betrachtungen über das allgemeine Hirtentum« den »Hirten als der sein Leben hingebender Gottesknecht und als ohnmächtiges Lamm« (Stenger 1992, 289–292). Er schreibt dazu im Blick auf Jesus Christus: »Hirte und Lamm gehören zusammen, eine unbegreifliche coincidentia oppositorum [Zusammenfall der Gegensätze], die nur Gott begreifen kann« (ebd. 291). Eigentliches Kennzeichen eines jeden, der in Gesellschaft, Kirche oder Familie ein Hirtenamt ausübt, ist die Bereitschaft zum Einsatz seines Lebens für seine »Herde«. Dies geschieht in alltäglichen Dingen genauso wie in der buchstäbliche Hingabe des Lebens, wie sie zum Beispiel Männern und Frauen in Lateinamerika abgefordert wurde. Damit kommen die Hirten zugleich in die Situation des

Lammes, das der Gefahr ausgesetzt ist. Diese hirtliche Hingabe ist aber nicht unbedingt identisch mit einer Rast- und Ruhelosigkeit, bei der die eigenen Bedürfnisse übergangen und totgeschwiegen werden. Das wäre ein »Opferlamm-Dasein« im schlechten Sinn. Gerade um seiner Aufgabe willen ist derjenige, der eine Funktion übernommen hat, auch dafür verantwortlich, mit seinen Kräften hauszuhalten und für die eigene körperliche und seelische »Hygiene« zu sorgen. Sonst stellt sich leicht das bekannte »Burnout-Syndrom« ein – und Hirt oder Hirtin können niemandem mehr dienen. Deshalb müssen sich auch die »Hirten« Zeit genug nehmen, die persönlichen »Jungbrunnen« zum Sprudeln zu bringen sowie selbst an den Quellen des Glaubens zu trinken und immer wieder auf das Wort Gottes zu hören.

Destruktiver Gehorsam? – Unterscheidungen

Viel war von den positiven und lebensförderlichen Aspekten des Gehorsams die Rede. Dennoch hat er nicht von ungefähr vielerorts keinen guten Ruf. Er wird trotz allem verdächtigt, den Menschen unfrei zu machen und ihn auf dem Stadium eines Kindes zu halten oder ihn zum willenlosen Werkzeug anderer zu machen. Viele mußten z.B. schmerzliche Erfahrungen in und mit Sekten sowie anderen fanatischen religiösen Gruppierungen machen. Die Betroffenen werden von den Führern der Gruppe oft bewußt gegen jeglichen Außenkontakt abgeschottet. So wurde von vorneherein die Möglichkeit einer Beeinflussung von außen ausgeschaltet. In großem Stil haben das immer wieder totalitäre Systeme versucht. Menschen, denen aus solchen Verstrickungen die Flucht geglückt ist, mußten die Selbständigkeit und Freiheit oft mühsam wieder lernen. Was hier geschieht, ist nicht mehr als Gehorsam zu bezeichnen, sondern nur mehr als totale Abhängigkeit, gegen die zu Recht Protest einzulegen ist.
Auch in der Kirche hat es Forderungen nach Gehorsam gegeben – und vermutlich gibt es sie noch -, die letztlich die Würde des Menschen angreifen, indem sie seine Individualität und Persönlichkeit zerstören oder doch empfindlich stören. Ging es oft doch ausdrücklich darum, »den Eigenwillen zu brechen«! Welch eine Verirrung angesichts des Schöpfergottes, der den freien Willen dem Menschen als hohes Gut mitgegeben hat! Einer solch destruktiven Gehorsamsforderung und dem Gehorsam, der daraus erwächst, ist energisch zu widersprechen. Dabei haben viele Auswüchse ihren Ausgangspunkt darin, daß – zumindest praktisch – der Gehorsam gegen Gott mit dem Gehorsam gegen Menschen gleichgesetzt wird. Wo Gesetze, Institutionen, menschliche Vorlieben jedoch mit dem Willen Gottes

identifiziert werden, bedeutet das den Tod des evangelischen Gehorsams (Schneiders 1986, 146).
Gehorsam ist ein personales Geschehen von Bezeugen, Hören und Antworten. Deshalb gehört es zu den »Sünden« gegen den Gehorsam, wenn Dialog verweigert wird, sei es »von oben« oder »von unten«. Verweigerung des Dialogs von oben bedeutet: Einfordern des Gehorchens mit Mitteln der Macht, Treffen von Entscheidungen, ohne die Betroffenen zu hören, ungenügende Transparenz, Interesselosigkeit an oder gar bewußte Ausblendung von Einwänden und Wünschen der »Untergebenen«: »Mir ist egal, wie Sie denken, hier bin ich der Chef!« Die dialogische Struktur des Gehorsams wird »von unten« verfehlt, wenn es an der Bereitschaft mangelt, die eigenen Vorschläge und Bedenken einzubringen. Sie kommt auch nicht zum Tragen, wo bloß äußerlich gehorcht, innerlich jedoch blockiert und opponiert wird: »Ich sehe, daß das schief laufen wird. Ich sage aber lieber nichts, sollen sie doch selber sehen, wo das hinführt!« – »Ich werde mich nur so lange daran halten, wie mich jemand beobachtet«. Zu dauernden persönlichen und institutionellen Fehlhaltungen kann es führen, wenn die Erlaubnis der Vorgesetzten bloß dazu dient, den eigenen Lebenswandel zu legitimieren und sich selbst so aus der Verantwortung fortzustehlen. Damit verliert der Gehorsam sein menschliches – von Freiheit geprägtes – Antlitz und wird zu einem bloßen Freibrief zur Erfüllung menschlicher Bedürfnisse.
Als zerstörerisch erweist sich geleisteter Gehorsam, wenn er ein »Opferlammdasein« hervorbringt. Es gibt Menschen, die ständig den Eindruck erwecken (und es subjektiv so empfinden), als wäre gerade von ihnen – und nur von ihnen – stets Unmögliches verlangt, dem sie sich jedoch im Namen des Gehorsams opferwillig beugen. Hinter solchen Verhaltensweisen steht meist eine lange Geschichte, über die hier nicht geurteilt werden soll. Aber es ist wichtig, klar herauszustellen, daß eine solche Haltung vom evangelischen Rat des Gehorsams weit entfernt ist. Denn dadurch wird gerade nicht »über die eigenen Grenzen hinaus« gehorcht, sondern das eigene Lebensmuster stets neu bestätigt: »Ich bin das Opfer«. Fügsamkeit hat eben viele Gesichter. Nicht jede Fügsamkeit ist schon evangelische Tugend, sondern muß erst noch »evangelisiert« werden. Mancher »Gehorsam« ist eher »kriecherische Willfährigkeit«. Vielleicht steht dahinter eine Flucht vor Entscheidungen oder das Bestreben, Verantwortung – auch für Mißlingen – abzuschieben. Hier wird dann eine menschliche Schwäche religiös verbrämt und als Ideal ausgegeben. Christlich ist Gehorsam erst, wenn er sich als freiwillige, selbständige, verantwortete Entscheidung darstellt und nicht im bloß mechanischen Ausführen von Befehlen steckenbleibt.

An seine Grenze kommt Gehorsam, wenn Unmögliches oder gar offensichtlich Sündhaftes verlangt wird. Die entsprechende tugendhafte Haltung besteht dann gerade nicht im unterschiedslosen Gehorchen, sondern im Widerstand. Außerdem darf und muß es sogar Korrekturen geben, wenn sich Situationen verändern. Ignatius von Loyola tadelte einmal einen Jesuiten, »weil dieser – gehorsam war, d.h. er hatte genau das ausgeführt, was Ignatius ihm aufgetragen hatte. Als Erklärung für seinen Tadel sagte Ignatius, der Ausführende habe doch sehen müssen, daß vor Ort die Umstände anders waren und er infolgedessen auch anders hätte handeln müssen, um den eigentlichen Sinn des Auftrags zu erfüllen. Gehorsam verpflichtet zum Mitdenken!« (Lambert 1991, 92).
Wer sich auf den Weg des evangelischen Rates des Gehorsams macht, der gibt deshalb seinen Verstand keineswegs wie einen Mantel an der Garderobe ab. Vielmehr wird dieser Mensch stets danach trachten, alle seine Sinne und Kräfte zu schärfen, um den wahren Gehorsam zu lernen. Dieser Gehorsam ist mit Freiheit und Treue unlösbar verbunden: Ohne *Freiheit* ist kein Gehorsam möglich. Andernfalls kommt es zu Mitläufertum und Fügsamkeit. Die Treue verkommt zur Abhängigkeit. Gehorsam driftet ohne *Treue* in Unverbindlichkeit und Anpassung ab: Im Prozeß der deutschen Wiedervereinigung bürgerte sich dafür der bildhafte Begriff »Wendehals« ein. Freiheit ohne Treue wird zur Bindungslosigkeit. Ohne *Gehorsam* wird schließlich nicht das erfahren, was Freiheit ist, nämlich: sich einlassen auf das Zugemutete und Zugesprochene. Treue ohne (Sach-)Gehorsam wird inhaltsleer.

Gehorsam als Ferment persönlichen Wachstums

Als Amazja, der Priester von Bet-El, den unbequemen Propheten Amos auffordert, Abschied vom Nordreich zu nehmen und nur mehr in Juda zu wirken, antwortet ihm Amos: »Ich bin kein Prophet und kein Prophetenschüler, sondern ich bin ein Viehzüchter, und ich ziehe Maulbeerfeigen. Aber Jahwe hat mich von meiner Herde weggeholt und zu mir gesagt: Geh und rede als Prophet zu meinem Volk Israel!« (Am 7,14f). Amos selbst scheint sich als guter Viehzüchter und Maulbeerfeigenpflanzer verstanden zu haben, nicht mehr und nicht weniger. Durch den Ruf Jahwes wird er »von der Herde weggeholt« und hineingezogen in das politische und religiöse Geschehen seiner Zeit. Amos hat sich darauf eingelassen. Dadurch wurden in ihm Kräfte frei, Begabungen wuchsen ihm zu, an die er früher wahrscheinlich im Traum nicht gedacht hätte: er wird zum Visionär und zum wortgewaltigen Propheten, der unbekümmert den Mächtigen seiner Zeit den Anspruch Gottes als Spiegel vorhält.

Wie Amos sich im Gehorsam von seinen Schafen und seinen Maulbeerfeigen wegholen ließ, so lassen die Fischer vom galiläischen Meer ihre Boote liegen und folgen dem, der ihnen zuspricht, nun »Menschenfischer« zu werden (Mk 1,16–20par). Was das bedeutete, war ihnen vermutlich nicht bewußt. Erst im Rückblick werden sie erkannt haben, daß damit ihr ganzes Leben eine neue Wendung nahm. In der Nachfolge dieses Jesus von Nazaret haben sie Dinge getan, die sie sich selbst nie zugetraut hätten. Nach dem Tod Jesu waren sie versucht, einfach zu ihren Netzen zurückzukehren (Joh 21,3), aber von neuem ruft er sie weg und gibt ihnen den ungeheuerlichen Auftrag, »allen Völkern« das Evangelium zu verkünden (Mt 28,16–20).

Als die Apostel begannen, Gemeinden zu gründen, haben sie Menschen Aufgaben in der heranwachsenden Kirche anvertraut. So wurden Männer und Frauen, Beamte, Händlerinnen (Lydia) und Zeltmacher (Priska und Aquila) ... zu vollmächtigen Zeugen und Zeuginnen des »neuen Weges« (Apg 9,2). In ihnen wurden Gottes Gaben wirksam, weil sie sich im Glauben gehorsam auf die Herausforderung eingelassen hatten.

Dieser Prozeß der Heraus-forderung aus dem Vertrauten ist bis heute nicht abgeschlossen. Bis heute lassen sich Menschen auf die Botschaft des Evangeliums ein. Dadurch und durch die Schule des Lebens-Gehorsams reifen sie zu christlichen Persönlichkeiten heran. Dieser Weg geht oft durch schmerzliche Krisen hindurch. Hindernisse stellen sich entgegen und fordern alle Kräfte der Phantasie und der Vernunft heraus. Was als Herausforderung gemeint war, wird manchmal zunächst als Zumutung und Überforderung aufgefaßt. Gehorsam – Gott und Menschen gegenüber – hat deswegen zutiefst mit Vertrauen zu tun: Nur im Vertrauen kann ich mich auf das einlassen, was mir zugesagt und zugemutet wird. Nur im Vertrauen, daß andere mich oft besser kennen und schätzen als ich selbst, daß andere – und letztlich Gott – Fähigkeiten in mir sehen, die ich mir selbst nicht zugestehe, kann ich mich herauslocken lassen. Leben im Gehorsam fordert dazu heraus, aus der Bequemlichkeit in das Engagement aufzubrechen. Nicht selten stellt sich ein solcher Schritt erst lange im Nachhinein als Schritt zu mehr Leben für sich selbst und andere dar. Dankbar kann der Mensch erkennen, daß es ein guter Rat des Evangeliums war, sich vertrauend auf einen Weg des Gehorsams einzulassen. Ignatius von Loyola prägte dazu den Satz: »Wenige Menschen ahnen, was Gott aus ihnen machen würde, wenn sie sich der Führung der Gnade rückhaltlos übergäben«.

Der »Ball des Gehorsams« (Madeleine Delbrêl)

Sich der Führung der Gnade rückhaltlos überlassen – solcher Weg ist und darf nicht nur ein beschwerlicher sein. Er muß gleichzeitig durchtränkt sein vom Charme und der Freude des christlichen Glaubens. Ein wenig von der Leichtigkeit des Tanzens – bei dem es auch darauf ankommt, daß einer führen kann und einer sich führen läßt – darf einem Leben nach dem evangeliumsgemäßen Gehorsam nicht fehlen. Deshalb soll am Ende dieses Plädoyers für den Gehorsam, diesen »verkannten Rat des Evangeliums«, ein Text von Madeleine Delbrêl (1904–1964) stehen. Die französische Sozialarbeiterin, die ihren Glauben inmitten des atheistischen Milieus eines Pariser Vororts lebte, interpretiert darin das Leben als »Ball des Gehorsams«.

Heute ist der 14. Juli [der französische Nationalfeiertag].
Allerorten, seit Monaten, Jahren, tanzt die Welt.
Je mehr man drin stirbt, um so mehr tanzt man.
Wogen des Krieges, wogender Ballsaal.
Das Ganze macht wirklich viel Lärm.

Die ernsthaften Leute haben sich schlafen gelegt.
Die Mönche singen die Matutin vom heiligen König Heinrich.
Ich aber denke
An den anderen König.
Den König David, der vor der Arche tanzte.

Denn wenn es viele heiligmäßige Leute gibt, die nicht gern tanzen,
Gibt es doch viele Heilige, die ein Bedürfnis nach Tanz besaßen,
So froh waren sie zu leben:
Teresa mit ihren Kastagnetten,
Juan vom Kreuz mit dem Jesuskind auf seinem Arm,
Und Francesco angesichts des Papstes.

Wären wir mit dir zufrieden, Herr,
Wir könnten dieser Tanzlust nicht widerstehen,
Die sich durch die Welt ergießt.
Und wir könnten sogar erraten,
Welchen Tanz du von uns aufgeführt haben möchtest,
Einstimmend in den Rhythmus deiner Vorsehung.

Denn ich vermute, du hast von den Leuten genug,
Die ständig davon reden, dir zu Diensten zu sein mit der Miene von Feldwebeln,

Dich zu kennen mit der Pose von Professoren,
Nach Sportregeln zu dir gelangen,
Und dich lieben, wie man einander liebt in einem alten Haushalt.
Eines Tages, da du ein wenig Lust nach etwas anderem hattest,
Erfandest du den heiligen Franz
Und machtest einen Gaukler aus ihm.
An uns ist's, uns von dir erfinden zu lassen,
Um fröhliche Leute zu sein, die ihr Leben mit dir tanzen.

Will einer ein guter Tänzer sein, mit dir oder sonstwie,
darf er nicht wissen,
Wohin es führt.
Nur folgen muß man,
Aufgelegt sein
Und schwerelos,
Und vor allem sich nicht versteifen.
Man soll dir keine Erklärungen abverlangen
Über die Schritte, die du zu tun beliebst,
Sondern sein wie die Verlängerung
Deiner, behende und wendig,
Und durch dich hindurch den Takt des Orchesters aufnehmen.
Man darf nicht um jeden Preis vorankommen wollen,
Sondern soll zufrieden sein, sich zu drehen, seitwärts zu steppen,
Anzuhalten, wenn nötig, und zu gleiten, anstatt zu schreiten.
Und all das wären nur idiotische Schritte,
Machte nicht die Musik daraus eine Harmonie.

Wir hingegen vergessen die Musik deines Geistes,
Und machen aus unserem Leben eine Turnübung;
Wir vergessen, daß es in deinen Armen getanzt wird,
Daß dein heiliger Wille
Von unvorstellbarer Phantasie ist,
Daß es monoton und langweilig
Nur für ältliche Seelen zugeht,
Die als Mauerblümchen sitzen am Rand
Des lustigen Balls deiner Liebe.

Herr, komm und lade uns ein.
Wir sind bereit, dir diese Besorgung vorzutanzen,
Dieses Haushaltungsbuch, diese Mahlzeitzubereitung,
diese Nachtwache,
Bei der wir schläfrig sein werden.
Wir sind bereit, dir den Walzer der Arbeit zu tanzen,

Den der Hitze und dann wieder den der Kälte.
Wenn gewisse Melodien in Moll stehen, werden wir nicht behaupten,
Sie seien traurig;
Wenn andere uns etwas außer Atem bringen, sagen wir nicht,
Sie stießen uns die Lunge aus dem Leib.
Und wenn die Leute uns anrempeln, werden wir's lachend hinnehmen,
Wohl wissend, daß beim Tanz so was immer geschieht.

Herr, lehre uns den genauen Platz,
Den in dem endlosen Roman,
Der sich zwischen dir und uns abspielt,
Der Ball einnimmt, dieser seltsame Ball des Gehorsams.

Offenbare uns das große Orchester deiner Heilspläne,
Worin das, was du zuläßt,
Befremdliche Töne von sich gibt
Inmitten der Heiterkeit deiner Verfügungen.
Lehre uns, täglich die Art
Unseres Menschseins anzuziehen
Wie ein Ballkleid, das uns alles an ihm um deinetwillen
Liebenswert macht wie unentbehrlichen Schmuck.

Gib, daß wir unser Dasein leben
Nicht wie ein Schachspiel, bei dem alles berechnet ist,
Nicht wie einen Match, bei dem alles schwierig ist,
Nicht wie ein Zahlenproblem, bei dem man sich den Kopf zerbricht,
Sondern wie ein endloses Fest, bei dem man dir immer wieder begegnet,
Wie einen Ball, einen Tanz
In den Armen deiner Gnade,
Während Musik der Liebe uns allseits umfaßt.

Herr, komm und lade uns ein

(Delbrêl 1975, 67–69).

LITERATUR

Hans Bemmann, Stein und Flöte und das ist noch nicht alles. Ein Märchenroman, München 1983.

Madeleine Delbrêl, Wir Nachbarn der Kommunisten, Einsiedeln 1975.

Eva-Maria Faber, Kirche – Gottes Weg und die Träume der Menschen, Würzburg 1994.

Karl Frielingsdorf, Glück im Unglück. Anstiftung zum Leben, Mainz 1994.

Anselm Grün, Spiritualität von unten (Münsterschwarzacher Kleinschriften 82), Münsterschwarzach 1994.

Johannes Paul II., Brief an die Frauen (Verlautbarungen des Apostolischen Stuhls 122), Bonn 1995.

Willi Lambert, Aus Liebe zur Wirklichkeit. Grundworte ignatianischer Spiritualität, Mainz 1991.

Johann Baptist Metz, Zeit der Orden. Zur Mystik und Politik der Nachfolge, Freiburg 1977.

Alois Müller, Das Problem von Befehl und Gehorsam im Leben der Kirche, Einsiedeln 1964.

Hans Rotter, Befund: Mängel im Gehorsam. Gehorsam und Leitung, in: Entschluß 49 (1994), Heft 1, 18-20.25.

Michael Schneider, Das neue Leben. Geistliche Erfahrungen und Wegweisung, Freiburg 1987.

Sandra Schneiders, New Wineskins. Re-imagining Religious Life Today, New York 1986.

Friedemann Schulz von Thun, Miteinander reden. Bd. 1. Störungen und Klärungen. Allgemeine Psychologie der Kommunikation, Reinbek 1981.

Dorothee Sölle, Phantasie und Gehorsam. Überlegungen zu einer künftigen christlichen Ethik, Stuttgart 1968.

Hermann Stenger, Im Zeichen des Hirten und des Lammes. Fünf Betrachtungen über das allgemeine Hirtentum, in: In Christus zum Leben befreit. Für Bernhard Häring. Hg. von Josef Römelt und Bruno Hidber, Freiburg 1992, 275-292.

Fridolin Stier, Vielleicht ist irgendwo Tag. Aufzeichnungen, Freiburg 1981.

Wilhelm Willms, »Welcher Engel wird uns sagen«. Vier Osterlieder, Frankfurt

Zukunft der Schöpfung – Zukunft der Menschen. Erklärung der Deutschen Bischofskonferenz zu Fragen der Umwelt und der Energieversorgung (hg. vom Sekretariat der Deutschen Bischofskonferenz), Bonn 1980.